带你感受文化的、自由的、承前启后的

我在台湾教语文

教孩子拥抱世界的《幽梦影》

曾家麒◎著

台海出版社

图书在版编目（CIP）数据

教孩子拥抱世界的《幽梦影》/ 曾家麒著. — 北京：台海出版社，2015.1（2019.12重印）
（我在台湾教语文 / 赵涛，李金水主编）
ISBN 978-7-5168-0557-2

Ⅰ. ①教… Ⅱ. ①曾… Ⅲ. ①语文课－中小学－课外读物 Ⅳ. ①G634.303

中国版本图书馆CIP数据核字(2015)第015999号

著作权合同登记号：图字：01－2014－6710

本书为（台湾）五南图书出版股份有限公司 授权 北京兴盛乐书刊发行有限责任公司 在中国大陆出版发行简体字版本

教孩子拥抱世界的《幽梦影》

著　者：曾家麒	
责任编辑：姜　航	装帧设计：尚世视觉
版式设计：黄　婷	责任印制：蔡　旭

出版发行：台海出版社
地　址：北京市东城区景山东街20号，　邮政编码：10009
电　话：010－64041652（发行，邮购）
传　真：010－84045799（总编室）
网　址：www.taimeng.org.cn/thcbs/default.htm
E-mail：thcbs@126.com

经　销：全国各地新华书店
印　刷：北京彩虹伟业印刷有限公司
本书如有破损、缺页、装订错误，请与本社联系调换

开　本：150×210　1/32
字　数：94千字　　　　　　　　　印　张：6.375
版　次：2015年5月第1版　　　　　印　次：2019年12月第6次印刷
书　号：ISBN 978-7-5168-0557-2
定　价：29.80元

作者序

领会《幽梦影》中平淡的"真"与"美"

"曾经在幽幽暗暗反反复复中追问，才知道平平淡淡从从容容才是真，再回首恍然如梦，再回首我心依旧，只有那无尽的长路伴着我。"这是作词家陈乐融、作曲家卢冠廷先生在二十多年前的作品，也是笔者相当喜爱的一首歌曲。歌词中的"幽"字、"梦"字恰与《幽梦影》的书名相合，而"平平淡淡"二字，更可以点出《幽梦影》的特色。

《幽梦影》的作者张潮，字山来，号心斋，别署心斋居士。"心斋"一词出自《庄子》："唯道集虚。虚者，心斋也。""斋"原指祭祀时不饮酒吃肉的禁忌，庄子则进一步将之引申为修道时不涉入成见的境界。不饮酒吃肉，口中自然淡；不涉入成见，心中也自然淡。

一

"平淡"不是无味，而是看过一切繁华后所得到的真味，一如那蕴着淡淡蜜香果味的东方美人茶，容不得一丝一毫刻意添加的人工香料与糖分。从读书到才华、从修养到天理、从交友到处世、从艺术到审美，《幽梦影》一书表现出古代文人独特的幽雅情怀。它与《论语》同属语录体，看似平淡简单的话语，总能令人再三回味。对于忙到忘记停下脚步的现代人而言，这样一本书就是一杯足以供人暂歇止渴的美味淡茶。

　　过去的社会有一种"奉茶"的文化习俗。一些善心人士会在路边准备一些茶水，供过路的人饮用，讲究一点的，更会搭个避雨遮阳用的小竹棚，称为"茶亭"。奉茶的文化显现出来的是体贴他人的善念，简单而纯粹。

　　行路匆匆，但是该休息的时候就该休息。庄子说："与物相刃相靡，其行尽如驰，而莫之能止，不亦悲乎！"这句话的意思是，终日在竞逐中生活，总是赶啊赶的，一直到生命的尽头，却不懂得暂时停下脚步，如此不是很可悲吗？

　　"你累了吗？"人们需要的，或许不是提神饮料，而是真正的休息。许多人不知道怎样才算真正的休息。电玩、电脑、电视……前人以"风驰电掣"形容快速，以"电光石火"比喻匆促，冠着个"电"字的事物，究竟能带给人们多少闲适之感呢？

笔者向潘丽珠老师学习诗词，向卢长贵老师学习武术，向张穆希老师学习书法。在几位老师的带领下，得以接触这些被视为"传统"的领域，深觉在这些领域中，心灵的提升更重于技巧的精熟，而心灵的提升终须走向"美"的境界。在浩瀚书海中，《幽梦影》书中的语句恰足以传达出这样的理念。

本书在篇目的顺序安排上为读书、才华、交友、处世、修养、天理、艺术、审美，理由是因为笔者认为读书而后可以发挥个人才华，由交友而后可以领略处世哲学，由修养而后可以体会天理人情，由艺术而后可以到审美境界。篇目以"谈"字冠首，以应"悦读"二字的轻松感受。

本书的行文取材上，笔者着重在"趣味"二字。"趣味"不等于搞笑。"趣"字是"走"、"取"这两个字的结合，若能使读者在阅读的过程中（走）得到（取）一些会心的感受（味），甚或能够使读者回想起书中的一字一句，就是所谓的"趣味"，也就是笔者编写本书的目标所在。

目录

一

我在台湾教语文，教孩子拥抱世界的《幽梦影》

二

我在台湾教语文：教孩子拥抱世界的《幽梦影》

四

谈读书

谈读书一：用书本填满生命的空白处

（一）读经宜冬，其神专也；读史宜夏，其时久也；读诸子宜秋，其致别也；读诸集宜春，其机畅也。

（二）古人以冬为三余[1]，予谓当以夏为三余：晨起者夜之余，夜坐者昼之余，午睡者应酬[2]人事之余。古人诗曰："我爱夏日长。[3]"洵不诬也。

（三）多情者不以生死易心，好饮者不以寒暑改量，喜读书者不以忙闲作辍。

---

[1] 三余：三国时的董遇曾指出，有三个空闲的时间适合用来读书：冬、夜、阴雨。
[2] 应酬：指人事间的往来。
[3] 我爱夏日长：典出唐文宗的《消夏》。原诗为："人皆苦炎热，我爱夏日长。"意思是，大家都认为炎热的天气很痛苦，我却很喜欢夏天的时光悠长。

（四）昔人欲以十年读书，十年游山，十年检藏①。予谓检藏尽可不必十年，只二三载足矣。若读书与游山，虽或相倍蓰②，恐亦不足以偿所愿也。必也如黄九烟前辈之所云："人生必三百岁而后可乎！"

（五）严君平③以卜讲学者也，孙思邈④以医讲学者也，诸葛武侯⑤以出师⑥讲学者也。

 ## 导读：找时间看书，看时间读书

年轻时的爱迪生到图书馆看书时，总是从书架上的第一本书开始，按顺序往下看。我们可以说他很用功，却不能说他懂得用功的方式。如果现代人想学习他的用功方式，可能会发

---

① 检藏：整理书籍。
② 倍蓰：表示多倍。蓰，五倍。
③ 严君平：严遵，字君平，汉朝人。平常在成都算命，赚到一百钱就关门讲解《老子》。
④ 孙思邈：唐代名医，精通百家，尤以老、庄见长。
⑤ 诸葛武侯：诸葛亮，字孔明，三国政治家及军事家，死后被封为武乡侯。有前后《出师表》等文章传世。
⑥ 出师：出兵打仗。

现，这世界印书的速度，比任何一个人读书的速度都要快。事实上，每本书都有不同的特性，有的书适合在零碎的时间里欣赏浏览，有的书则适合在完整的时间里研究精读。幸好爱迪生后来调整了自己读书的方式，否则他可能得花一辈子时间和图书馆里的书奋战。

关于读书，《论语》中有"学而'时'习之"这么一句名言。这里的"时"字，通常被解释为"时常"的"时"字，但是如果解释为"因时制宜"的"时"字，似乎也可以给这句话开发出新的意义。学习的"时"，可以是"时机"，也可以是"时间"。掌握时机，与安排时间，这些都是读书学习应该注意的。

在掌握时机方面，三国时的大学者董遇曾提出"三余"的论点："冬者岁之余，夜者日之余，阴雨者时之余也。"对古人而言，冬天、夜晚、雨天等，都不适合工作或出游，自然要把握时机，好好地读书。

读书不只要掌握时机，也要安排时间。在适当的时间里读适合的书，可以收到事半功倍的效果。

古人将书本分为"经、史、子、集"四大类。"经"是

"经典"，被视为最重要的必读书籍；"史"指"史学"；"子"指"哲学"；"集"指"文学"。前人认为，经典适合在精神专一的情况下读，历史适合在时间充裕的情况下读，哲学适合在思虑清明的情况下读，文学则适合在景物怡人的情况下读。虽然古人的分类不完全适用于多元的现代，前人对这几类书籍的看法，却值得我们参考。

美国作家亨利·梭罗在他的著作《瓦尔登湖》里说，他曾经在桌上放着一篇荷马的史诗名篇《伊利亚特》，尽管他"只能间或地翻阅那诗篇"。他也曾经在工作间歇的时候，"读一两本关于浅近的旅游书籍"。在休闲的时候，读休闲的书，他确实是个懂得利用时间读书的人。

延伸思考

一、欧阳修曾说过，他常在三个时间构思文章："枕上、马上、厕上"。从另一个角度来思考，这三个时间也可以用来读书。请想想看，对你而言，这三个时间适合读什么书？

二、要妥善的利用时间，最好是能够事先规划自己的读书内容。请试着分配自己每天的时间，拟好读书计划。

引导作文

西方有句谚语："时间就是生命。"如果我们想的是如何打发自己的时间，那就等于我们在想着如何浪费自己的生命。试以"空闲的时候"为题，描写自己在闲暇的时候会做什么事？做这些事对自己有什么意义？并进一步论述如何让这些闲暇时候变得更有意义？

谈读书二：最没有风险的投资

（一）凡事不宜刻[1]，若读书则不可不刻；凡事不宜贪，若买书则不可不贪；凡事不宜痴[2]，若行善则不可不痴。

（二）抄写之笔墨，不必过求其佳，若施之缣素[3]，则不可不求其佳；诵读之书籍，不必过求其备[4]，若以供稽考[5]，则不可不求其备；游历之山水，不必过求其妙，若因之卜居[6]，则不可不求其妙。

（三）虽不善书，而笔砚不可不精；虽不业医，而验方[7]

---

[1] 刻：苛刻。指过分苛求。
[2] 痴：痴迷。
[3] 施之缣素：指写成书法作品。缣素，泛指书写用的绢布纸张等。缣，音jiān。
[4] 备：完备、齐全。
[5] 稽考：研究考证。
[6] 卜居：选择住处。
[7] 验方：指确实有效的药方。

不可不存；虽不工弈[1]，而秋枰[2]不可不备。

（四）藏书不难，能看为难；看书不难，能读为难；读书不难，能用为难；能用不难，能记为难。

（五）创新庵不若修古庙，读生书不如温旧业。

（六）涉猎虽曰无用，犹胜于不通古今；清高固然可嘉[3]，莫流于不识时务[4]。

（七）先读经，后读史，则论事不谬[5]于圣贤；既读史，复读经，则观书不徒为章句[6]。

---

[1] 弈：下棋。
[2] 秋枰：指棋盘。秋，通"楸"，一种经常用来作成棋盘的木材。枰，音 píng，棋盘。
[3] 嘉：称赞。
[4] 不识时务：不懂得变通以求显达。
[5] 谬：违反、违背。
[6] 章句：对古籍分析字义、标点、章法等。

（八）少年读书，如隙中窥月；中年读书，如庭中望月；老年读书，如台上玩月。皆以阅历之浅深，为所得之浅深耳。

导读：让花钱成为一件雅事

钱的重要性毋须格外强调，然而，对古人而言，花钱也好，赚钱也罢，都是极其俗气的事。魏晋时代的王衍因为不愿沾染钱的俗气，甚至连"钱"这个字也不想提及，而用"阿堵物"来代替"钱"这个字。

在诸多花钱的理由中，"买书"非但一点也不俗气，甚至是一件"雅事"。历史上，多数的大学者、大文豪，家中无不藏有丰富的图书。藏书的来源除了先人的遗产、个人的抄写、他人的馈赠等，剩下的自然是购买而来的。买书这回事造就了无数优秀的学者、优良的作品，大大提升了文化的水准，任谁都不得不承认，买书确实是一件雅事。

现代知名漫画家萧言中曾经说过："再忙也要买书、看书，因为当一把大火烧毁一栋房子时，所有的财富可能瞬间不见，唯有知识还在。"知识是获得成功的最大力量，而读书则是得到这种力量的最快方法。把钱投资在自己的身上，提升自己的能力，那么谁都抢不走投资的成果，绝不会有亏损的可能。由此看来，买书绝对是风险最低、投资报酬率最高的投资。

买书还是一种传承。现代历史学家镠钺曾说自己"家中藏书颇多"，所以"从小的时候起就养成了阅读古书的兴趣与能力"。大学者胡适的母亲为了让儿子有所成就，甚至借了一大笔钱，买了一套《古今图书集成》给儿子。子女的兴趣不一定与父母相同，但是父母所营造的环境对子女却有极大的影响。就这一点来说，除了书籍以外，家中似乎也应该放一些书法、绘画、雕塑之类的艺术品，以增加子女对美学的感受力。

买书更是一种推广，买下一本好书，就是对文化事业的一种鼓励。一本书花费无几，却能让有心者创作及出版更多好书。台湾文学作家钟理和曾经写信对另一位作家钟肇政说："究竟我们的写作目的何在？难道我们必须永远做没有报酬的工作吗？当这种灰色的怀疑在噬啮着心叶时，我有什么办法再教自己坐下来写作呢？"钟理和抱着对文学的热情，在现实与理想中挣扎着。他咬紧牙根持续写作，最后还是在贫病交加中咯血病逝。他的病逝让人不禁感叹，若是他能得到更多的赞助，应该可以留下更多感动人心的好作品吧？

除了"衣""食""住""行"等生活基本需求的花费外，买书是最最有价值的开销。它兼具了"育"与"乐"两大功能，无怪乎《幽梦影》的作者张潮要说："凡事不宜贪，买书则不可不贪。"

延伸思考

一、张潮说："凡事不宜刻，若读书则不可不刻。"对人也好，对事也好，如果过分苛求完美，无论是对自己或他人都将造成极大的压力。但是为什么读书要苛刻地从书本中发现问题呢？那会有什么好处？

二、无论是学习什么事，只要有心学好某件事，就要有充分的准备。学习书法要准备笔砚，学习运动要准备器材。请想想看，好的器具对于学习有什么样的好处？

引导作文

所谓的投资，就是先求付出，以换取更大的报酬。例如商品投资，就是在商品价格较低时买进，在它价格提高时卖出，从中获利。除了金钱的投资以外，人生还有许多不同的投资，例如：知识、情感、道德、健康等。

试以"投资自己"为题，举例说明在生命中，除了金钱之外，还有哪些正面积极的事物是值得投资的；并进一步说明，在投资这些事物上，应该采取哪些正确的态度或方法？

谈读书三：当文字勾动情绪

（一）《水浒传》①是一部怒书，《西游记》②是一部悟书，《金瓶梅》③是一部哀书。

（二）著得一部新书，便是千秋大业；注得一部古书，允④为万世宏功。

（三）惠施多方⑤，其书五车⑥，虞卿以穷愁著书，今皆

---

① 《水浒传》：元明时的白话章回小说，作者为施耐庵。内容叙述宋江等一百零八人的故事。他们因为各种原因而被迫造反，聚集在梁山泊上对抗朝廷，最后接受招安，被派往各处征伐而牺牲惨重。
② 《西游记》：明代的白话章回小说，作者为吴承恩。内容叙述唐三藏带着徒弟到西天取经的故事。一行人在路上遇到各种妖魔鬼怪，历经各种困难艰苦，终于成功取回了经书。
③ 《金瓶梅》：明代的白话章回小说，作者为兰陵笑笑生。内容叙述西门庆等人因为淫乱而不得善终的故事。女主角有潘金莲、李瓶儿、庞春梅等三人，书名乃是从其中各取一个字。
④ 允：果真、确实。
⑤ 多方：学识广博。
⑥ 其书五车：指著作极多。

我在台湾教语文：教孩子拥抱世界的《幽梦影》

不传，不知书中果作何语？我不见古人，安得不恨！

（四）读书最乐，若读史书则喜少怒多。究之，怒处亦乐处也。

（五）不独诵其诗读其书，是尚友古人[1]；即观其字画，亦是尚友古人处。

 ## 导读：再刺激的云霄飞车也会停下来

公元二〇一二年七月，美国的一家电影院在上演《蝙蝠侠》一片时，突然闯入一位打扮成剧中反派角色的人，持枪向观众扫射，造成严重的死伤。这次事件使人们开始热烈讨论戏剧对观众的影响。

提到戏剧的影响性，就不能不提一提明代的知名戏剧——《牡丹亭》，这是一部歌颂爱情的戏剧。相传这部戏上演

---

[1] 尚友古人：上与古人结交为友。尚，通"上"。

时，杭州一位女伶人商小伶因扮演杜丽娘时，想起了自己的身世，伤心地倒在台上，戏未落幕，她的生命已先一步结束。娄江有一位女子俞二娘读了《牡丹亭》，哀伤过度而死，汤显祖因而写了一首诗悼念她。除了她们以外，受到《牡丹亭》影响而追求爱情自由的女子更是不计其数。据说有位女子读了《牡丹亭》，以为作者一定是位潇洒风流的才子，于是远道上门求见，结果发现汤显祖居然是个老头儿，不禁大失所望。

戏剧也好，小说也罢，甚至是诗词歌曲绘画等，它们蕴含的影响力都是不容小觑的。

在文学的历史上，《水浒传》、《西游记》、《金瓶梅》就因为它们的巨大影响力而屡遭批评，有些人认为《水浒传》鼓动造反，《西游记》倡导迷信，《金瓶梅》宣扬色情。

在《水浒传》中，黑暗的政治现实逼得书中众多主角起而反抗。由于他们所要反抗的力量太过强大，所以落草为寇是他们不得不的选择。他们快意恩仇，视杀人如斩草，前人形容这本书"诲盗"，意思是说这本书教人应该要去做强盗。

"诲盗"的说法并不周全，因为《水浒传》里大多数主角的下场都很惨烈。书中官逼民反的情节每每读来让人为之气结，读者在阅读的过程中产生了对贪官污吏的厌憎之情。一旦社会上普遍都厌恶贪官污吏，他们自然没有容身之地，这恐怕才是《水浒传》作者施耐庵真正的创作动机。

因为《水浒传》而崇拜暴力，因为《西游记》而迷信鬼神，因为《金瓶梅》而耽溺肉欲，这都是读者没能掌握书中主旨的缘故。回过头来谈《牡丹亭》那出戏，编剧汤显祖难道是希望观众陷入自怨自艾的悲伤情绪里吗？当然不是！他希望的是能够让观众勇于追求自己心中的爱情。

尽管传播媒体不同，但是现代爱看戏的人不少，受戏剧影响的人也是不少。有人因为看了暴力色情的戏剧而导致人格扭曲，有人因为太过入戏而做出攻击戏中反派角色，或过度迷恋剧中角色的非理性行为，这都不是真正懂得看戏的人。看戏就像是玩云霄飞车，过程中再刺激，也还是要回归平静，绝不能因此认为在现实生活中狂飙也可以安然无事。从戏剧中或小说中发掘出正面的价值，这才是真正懂得观赏或阅读的人该做的。

延伸思考

一、有人喜欢看喜剧，有人喜欢看悲剧，有人喜欢武侠故事，有人喜欢神怪传奇。你喜欢哪一类戏剧或小说？其中哪一本小说或哪一出戏是你最喜欢的？请想想看它想要传达什么样的思想或观念？

二、张潮因为读了《水浒传》而想到"人生必有一桩极快意事，方不枉在生一场"，进而兴起著书的动力。你最近读了哪些书？请从中任选一本，想想看那本书带给你什么正面影响。

引导作文

俗语说："演戏的是疯子，看戏的是傻子。"演戏时要全心投入，不能掺入自己的个性，才能演好剧中的角色，所以像是失去自我的"疯子"。看戏时的情绪被戏剧的角色牵引，所以像是没有主见的"傻子"。

试以"演好自己的角色"为题，说明自己在家庭或社会上扮演的是什么样的角色，并进一步说出自己必须做出什么样的付出，才能演好这个角色。

谈读书四：把话说清楚，把字写明白

（一）平、上、去、入[①]，乃一定之至理。然入声之为字也少，不得谓凡字皆有四声也。世之调平仄者，于入声之无其字者，往往以不相合之音隶[②]于其下，为所隶者，苟无平上去之三声，则是以寡妇[③]配鳏夫[④]，犹之可也。若所隶之字，自有其平上去之三声，而欲强以从我，则是干[⑤]有夫之妇矣，其可乎？姑就诗韵言之：如东冬韵无入声者也，今人尽调之以东、董、冻、督。夫督之为音，当附于都、睹、妒之下。若属之于东、董、冻，又何以处夫都、睹、妒？若东、都二字，俱以督为入声，则是一妇而两夫矣。三江无入声者也，今人尽调之以江、讲、绛、觉。殊不知觉之为音，当附于交、绞之下者

---

① 平上去入：古音声调名。以下所论，皆为声韵学的知识。

② 隶：归属。

③ 寡妇：死了丈夫的妇人。

④ 鳏夫：死了妻子的男人。鳏，音guān。

⑤ 干：冒犯、触犯。

也。诸如此类，不胜其举。然则如之何而后可？曰：鳏者听[①]其鳏，寡者听其寡，夫妇全者安其全，各不相干而已矣。

（二）陈平[②]封曲逆侯，《史》、《汉》[③]注皆云："音去遇"。予谓此是北方人土音[④]耳。若南人四音俱全，似仍当读作本音为是。（北人于唱曲之曲，亦读如去字。）

（三）古人四声俱备，如"六"、"国"二字皆入声也。今梨园[⑤]演苏秦[⑥]剧，必读"六"为"溜"，读"国"为"鬼"，从无读入声者。然考之《诗经》，如"良马六之"、"无衣六兮"之类，皆不与去声叶[⑦]，而叶祝、告、燠；国字皆不与上声叶，而叶入陌、质韵。则是古人似亦有入声，未必尽读"六"为"溜"，读"国"为"鬼"也。

---

① 听：听任。
② 陈平：西汉开国功臣，被封为曲逆侯。
③ 《史》、《汉》：《史》，《史记》。《汉》，《汉书》。
④ 土音：指方言。
⑤ 梨园：戏班子。
⑥ 苏秦：战国策士，字季子。曾发愤读书，以锥刺股，终有所成，挂六国相印。
⑦ 叶：音xié。押韵。

（四）许氏《说文》[1]，分部有止有其部，而无所属之字者，下必注云："凡某之属，皆从某。"赘句殊[2]觉可笑，何不省此一句乎？

（五）人非圣贤，安能无所不知。止[3]知其一，惟恐[4]不止其一，复求知其二者，上也；止知其一，因人言始知有其二者，次也；止知其一，人言有其二而莫之信者，又其次也；止知其一，恶[5]人言有其二者，斯[6]下之下矣。

 ## 导读：因为错一个字而重新录歌

春秋时代有个晋国人，姓冯，名妇，擅长打老虎。当时一位旅行到晋国的南方商人在无意中听到了冯妇的名声，却把

---

①《说文》：《说文解字》，简称《说文》，东汉许慎所作。内容以解释小篆的形、音、义为主。将文字分为五百四十部，每部底下都有"凡某之属皆从某"的说明，即使该部只有一个字也是如此。属，类。
②殊：很、极。
③止：仅、只。
④惟恐：只怕。
⑤恶：讨厌。
⑥斯：乃、就。

"虎"误听成"火",于是把冯妇这位"打虎英雄"当成了"打火英雄",用重金给请了过去。冯妇到了南方以后,虽然语言不通,但每日吃着山珍海味,日子过得倒也快活。不久,宫殿失火,人们就把冯妇丢到火灾现场打"火"。只会打虎不会打火的冯妇就这么被烧死了。

除了《郁离子》之外,《尹文子》里也有一个关于语言隔阂的故事:郑国人把未加工的玉叫作"璞"。有一个周人问郑国人说:"你要买'璞'吗?上等的喔!"郑国人一问价钱,怎么这么便宜?忙不迭地点头说好,并伸出手来,准备捧回他以为的上等璞玉。周人就拿了一只死老鼠,放在他的手上,把郑国人吓了一大跳。原来周人把未加工的老鼠肉叫作"璞"。

不是所有人都能发音完全标准,有时难免带有地方或个人的腔调。早在魏晋时代,就有人察觉到这一点,于是积极研究文字的读音,以求增加世人对读音的重视与了解。这种学问后来被称为"声韵学"。

对许多人而言,"声韵学"是门专业而困难的学问,然而,专业而困难不代表没有价值,就像字典里的字,不是说常用字才有保存记录的价值。研究声韵学的意义在于了解字音演变的前因后果，让人更清楚语言的变化。

　　语音会随着时间而变化，但不代表就可以将错就错，乱念一通。台湾有位姓郭的女歌手，在录制新专辑的时候，不小心把"稜"这个字唱错。宣传开始前，内部有人发现了这个错误。这下子，唱片公司就要面对一个困难的选择了：是照原订计划进行宣传，还是重新录制？

　　延迟宣传将会让许多人手忙脚乱，重新录制也会增加一大笔支出。坦白说，确实有不少人把"稜"字读错，若要用这个借口来替自己开脱，或许行得通，但是唱片公司不愿意这么做。他们宁可承担金钱上的损失，也不愿意故意忽视错误。

　　人都难免有错，愿意改正的是头等人，瞎掰硬拗的是次等人。一个字都不愿意马虎的这家唱片公司，绝对是值得敬重的模范。

延伸思考

一、做学问要靠严谨的态度才能有所成就。除此之外，你认为还有哪些事需要靠严谨的态度才能做好？

二、报载，某小学教师因为过度要求学生书写标准字体而引起家长的不满。事实上，要求把字写正确固然是对的，但是过度要求反而会引起学习上的排斥。你认为应该如何调和两者？

引导作文

宋朝的王安石倡导变法改革，理念虽好，但是因为操之过急，反而导致失败。由此可知，"做好事"固然重要，"把事做好"也不可忽视。请以"把事做好"为题，说明做事情应该抱持哪些正确的态度，才容易成功。

谈才华

谈才华一：美好的事物总是令人不舍

（一）为月忧云，为书忧蠹①，为花忧风雨，为才子、佳人忧命薄，真是菩萨②心肠。

（二）一恨书囊易蛀，二恨夏夜有蚊，三恨月台③易漏，四恨菊叶多焦，五恨松多大蚁，六恨竹多落叶，七恨桂荷易谢，八恨薜萝④藏虺⑤，九恨架花生刺，十恨河豚⑥多毒。

（三）新月恨其易沉，缺月恨其迟上。

---

① 蠹：蛀虫。
② 菩萨：1.佛教用语，指修行境界在佛之下，在阿罗汉之上的众生。2.指经常行善的好人。
③ 月台：露天的平台，相当于现代的"阳台"。
④ 薜萝：薜荔和女萝两种植物，后世常用来代指隐士的服装。薜，音bì。薜荔，植物名，可入药。萝，女萝，又名松萝、茑萝等，多攀附在其他植物上，可入药。
⑤ 虺：音huǐ，毒蛇名。
⑥ 河豚：鱼名，味美，但内脏、血液等含有剧毒。

（四）才子而美姿容，佳人而工著作，断不能永年^①者，匪独为造物之所忌。盖此种原不独为一时之宝，乃古今万世之宝，故不欲久留人世，以取衰^②耳。

（五）天下器玩之类，其制日工，其价日贱，毋惑^③乎民之贫也。

导读：短暂的美丽与美丽的短暂

每逢国庆或跨年等重大节庆，总不免有应景的烟火。有人说烟火因为美丽而显得短暂，有人则说烟火因为短暂而更加美丽。其实两种说法都没错，若不是因为美丽，人们又岂会在乎烟火的短暂？若不是因为短暂，人们又岂会屏息期待着其绽放的瞬间？

熟悉烟火摄影的人都知道，拍摄烟火的时候，最恼人的就是那施放烟火时伴随着的烟雾。人世间的事彷彿都是如

---

① 永年：即长寿。
② 取衰：招来侮辱。
③ 毋惑：难怪。

此，越是美丽的事物，越是容易带来遗憾。苏东坡曾经写下"月明多被云妨"的词句，以寄托心中的慨叹，《红楼梦》小说的女主角林黛玉则以"葬花"的举动，抒写心中的伤感。林黛玉同情掉落的花瓣，因此把它们埋入土中，并留下了"试看春残花渐落，便是红颜老死时。一朝春尽红颜老，花落人亡两不知"的感伤诗句。花朵终会凋零，正如青春终会消逝，这哪里是人力所能改变的呢？

苏东坡在《水调歌头》一词中说："人有悲欢离合，月有阴晴圆缺，此事古难全。"月亮有圆有缺，便是月圆，也有被乌云遮蔽的时候。花朵有盛开的时候，也有凋落的时候，如果盛开的花朵被风雨打落，更是令人伤感。人世间的事情往往如此，越是美好的事物，越是让人不舍。

世人常说"天妒英才"、"红颜薄命"，其实，"英才"不一定"天妒"，"红颜"也不一定"薄命"，只是，"英才"或"红颜"的悲惨命运总是格外让人惋惜罢了。唐朝的天才诗人李贺，不到三十岁就过世了，他的死总让人遗憾："如果他能多活几年，会不会留下更多精彩的作品呢？"歌手邓丽君在四十二岁时过世，人们感到惋惜；歌手凤飞飞在五十九岁时过世，人们感到惋惜；而世界男高音帕瓦罗蒂在七十二岁时过世，已经不能说是英才早逝了，但人们也同样感到惋惜。

文人雅士为花开花落而忧，因月圆月缺而恨，表现出他们心中对美好事物的眷恋与不舍，真是所谓的"菩萨心肠"。"菩萨"的慈悲永无止境，而文人雅士的忧恨，也同样永无止境。

延伸思考

一、西施因为美丽而被送入吴国，王昭君因为美丽而被派去和亲。前人总说，自古红颜多薄命，你认为真的是如此吗？人们为什么会这么想？

二、俗语说："善有善报，恶有恶报。"翻开历史，却也发现不少好人遭遇到悲惨的命运。你对这样的情形有什么样的看法，请想想看做善事能带给生命什么样的价值？

引导作文

昙花虽美，只能一现；青春虽好，总让人觉得短暂。

许多美好的事物，在人们不知不觉中消逝无踪，便是想要挽回，也为时已晚。试以"珍惜美好的事物"为题，说明生活周遭有哪些美好的事物值得珍惜，又该如何珍惜？

谈才华二：什么都会不重要，会些什么才重要

（一）花之宜于目，而复宜于鼻者。梅也、菊也、兰也、水仙也、珠兰①也、莲也。止宜于鼻者，橼②也、桂也、瑞香③也、栀子④也、茉莉也、木香⑤也、玫瑰也、蜡梅也。余则皆宜于目者也。花与叶俱可观者，秋海棠为最，荷次之，海棠、酴醾⑥、虞美人⑦、水仙又次之。叶胜于花者，只雁来红⑧、美人蕉⑨而已。

---

① 珠兰：花名，或称金粟兰。五六月间开黄色小花，味香。
② 橼：音yuán。花名，或称香橼。常绿小乔木，果皮、花、叶等均可作为芳香剂。
③ 瑞香：花名，或称沈丁香、千里香、露申。花色呈紫红或白色，春季开花，香气浓郁。
④ 栀子：花名，花色白或黄，夏季开花。
⑤ 木香：花名，或称马兜铃。花暗紫色。
⑥ 酴醾：音tú mí。花名，或称茶蘼。初夏开黄白色瓣花。
⑦ 虞美人：花名，或称丽春花。夏季开花，有红、白、黄、紫粉、红等色。
⑧ 雁来红：花名，或称老少年、十样锦。夏秋间开淡绿色或淡红色细花。
⑨ 美人蕉：花名，或称红蕉。夏季开花，花色以红、黄居多。

（二）文人讲武事，大都纸上谈兵；武将论文章，半属道听途说。

（三）凡花色之娇媚者，多不甚香；瓣之千层者，多不结实；甚矣全才之难也。兼之者，其惟莲乎？

（四）芰①荷可食，而亦可衣；金石可器，而亦可服。

（五）凡声皆宜远听，惟琴声则远近皆宜。

（六）宜于耳复宜于目者，弹琴也、吹箫也；宜于耳不宜于目者，吹笙也、撇管②也。

（七）酒可以当茶，茶不可以当酒；诗可以当文，文不可以当诗；曲可以当词，词不可以当曲；月可以当灯，灯不可以当月；笔可以当口，口不可以当笔；婢可以当奴，奴不可以当婢。

---

① 芰：音jì。菱角。
② 撇管：以指按笛，演奏歌曲。撇，音yè。

（八）冰裂纹极雅，然宜细，不宜肥。若以作窗栏，殊不耐观也。

 ## 导读：一条路可以有很多走法

　　二十一世纪前后，台湾进行了一系列的教育改革。教育主管机关提出"七大领域"的政策内容，强调学生学习的内容可以分为语文、健康与体育、社会、艺术与人文、自然与生活科技、数学、综合活动等七大方面，强调不应偏重于某项特定内容。"七大领域"是学者研究出来的理论，没有人确定将来是不是会更动内容，但可以想象的是，"万般皆下品，唯有读书高"的时代，应该是不复见的。

　　知名服装设计师王陈彩霞从小就喜欢读书，却因为家境的关系，不得不放弃学业。没有办法从书里学习，她就从人的身上学习。决定学习裁缝以后，只要对方有优点，她就全心向他学习。人不是书，书本没有脾气，人有。遇到脾气不好的人，她会想尽方法配合对方。她说："其实就算被骂一下又有什么关系，他肯教才重要。"靠着这样的学习精神，她创办了知名的台湾服饰品牌。

从王陈彩霞的例子可以知道，学习可以有很多种方式，读书只是其中一种相对简单的。有些人可能不这么认为，但很可能只是因为他不懂得读书的方法。

"书"有很多种，它可以是诗赋文集，也可以是武功秘籍。拿打篮球这件事来说，实际的练习固然重要，翻翻书研究一下战术技巧也无不可，只要不是"纸上谈兵"、"道听途说"就行了。换句话说，读书可以是主要的学习方式，也可以是辅助的学习方式，它本身就可以很"多元"，万万不可一提起"多元"，就把"读书"看作洪水猛兽。

所谓的"多元"，不一定非要有很多路可走，一条路有很多走法也是"多元"。举例来说，想要到达目的地可以搭车、乘船、坐飞机，光靠着双腿走，期待能走上一条不会累的路，那只能是空想。

读书要像赏花，花不美就闻闻花香，花不香就看看绿叶，就算花朵不美不香，叶子也不怎么样，数量多了就能达到徐志摩"数大就是美"的境界。嫌书读得没趣，何妨来个"数大就是美"，读多了说不定就能上瘾呢！

延伸思考

一、有些人读书时用眼睛看就可以了，有些人读书时要念出声音才可以，有些人读书时要边看边写。不管用什么方式，重要的是找到最适合自己的读书方式。请观察自己的读书方式，并尝试采用不同的读书方式，看看是否更有效果。

二、除了读书以外，请想想看，还有哪些学习方式？并进一步思考，采取这些学习方式需要付出什么样的努力？

引导作文

婴儿从不会说话到会说话，是学习；幼儿从不会走路到会走路，是学习；儿童从不会写字到会写字，也是学习。生活中，从使用日常用品到使用科技产品，无一不需要学习。请以"书本以外的学习"为题，论述学习与生活的关系。

谈才华三：好听的不一定好看

原 文

（一）女子自十四五岁，至二十四五岁，此十年中，无论燕、秦、吴、越，其音大都娇媚动人，一睹其貌，则美恶判然①矣。耳闻不如目见，于此益信。

（二）延②名师训子弟，入名山习举业，丐名士代捉刀③，三者都无是处。

（三）大家④之文，吾爱之慕之，吾愿学之；名家之文，吾爱之慕之，吾不敢学之。学大家而不得，所谓"刻鹄不成尚类鹜⑤"也；学名家不得，则是"画虎不成反类狗⑥"矣。

---

① 判然：分明的样子。
② 延：聘请。
③ 捉刀：指代写文章。
④ 大家：著名的专家。
⑤ 刻鹄不成尚类鹜：指学得不够好，但还有几分水准。
⑥ 画虎不成反类狗：指学得不只不好，而且适得其反，越学越差。

谈才华

三七

（四）昔人云："妇人识字，多致诲淫。"予谓此非识字之过也。盖识字则非无闻之人，其淫也，人易得而知耳。

（五）官声①采于舆论，豪右②之口与寒乞③之口，俱不得其真。花案④定于成心，艳媚之评与寝陋⑤之评，概恐失其实。

（六）梧桐为植物中清品，而形家⑥独忌之，甚且谓："梧桐大如斗，主人往外走。"若竟视为不祥之物也者。夫剪桐封弟⑦，其为宫中之桐可知。而卜世⑧最久者，莫过于周。俗言之不足据，类如此夫。

（七）宁为小人所骂，毋为君子所鄙；宁为盲主司⑨之所

---

① 官声：做官的评价。
② 豪右：指有权有势的人家。
③ 寒乞：指贫困的人家。
④ 花案：与情爱有关的案件。
⑤ 寝陋：肮脏低级。
⑥ 形家：替人看风水的算命师。
⑦ 剪桐封弟：周成王曾经剪下一片桐叶，开玩笑地说要封他年幼的弟弟叔虞一个国家。周公认为君无戏言，劝谏成王实践诺言，叔虞就被封到唐这个地方。
⑧ 卜世：指传国。
⑨ 盲主司：讥讽没有见识的主考官。

摈弃，毋为诸名宿[1]之所不知。

（八）豪杰易于圣贤，文人多于才子。

（九）无其罪而虚受恶名者，蠹鱼也；有其罪而恒逃清议者，蜘蛛也。

 ## 导读：小心，才子可能就在你身边

元朝大书法家赵孟頫（fǔ）曾经写过一首诗："学书工拙何足计，名世不难传世难。当有深知书法者，未容俗子议其间。"这首诗的意思是说，不管本身的书法造诣如何，都有可能成为当世知名的书法家，只是作品是不是有流传到后世的水准，那就难说得很了。因为世上总会有真正了解书法的人，容不得那些人云亦云的平常人不懂装懂，满口胡说八道。

名气不等于能力，这是赵孟頫想要在诗中传达的想法。

---

[1] 名宿：有才学名望的人。

汉朝是一个最重视"名声"的朝代，朝廷甚至实施"征辟"制度，征召有名的人出来做官，用"名声"的大小来决定地位的高低。"人往高处走，水往低处流"，为了当大官，人们开始用各种方法来累积自己的名声，冲高自己的人气。有人花钱，有人找朋友，千方百计要让别人来称赞自己。这类沽名钓誉的人多了，社会上就出现了各种怪象。

包装出来的名声，只能骗得了一般人，骗不了有智慧的人，更骗不了后世。有人说："我只要骗得过一般人就够了啊！"从个人的角度来看，只要不被拆穿，他确实可以藉着包装，得到他想要的。然而，从社会的角度来看，只靠包装不靠实力的人越多，社会受害就越深。试想，一位享有大名的庸医会医死多少人？做事靠的是实力，不是名声。

宋朝有一本《扁鹊心书》，里面记载了一段故事：一位姓陈的医生，靠着一帖药方，治好了不少人，因此名气很大。问题是，药方虽好，还需对症。有个盐贩因为妻子生病而找上了名气很大的陈医生。妻子吃了陈医生的药以后，肚子开始痛了起来。盐贩心想，陈医生名气这么大，给的药应该不会有问题，就逼着妻子把药吃完，而他的妻子居然就死了。

《扁鹊心书》的作者以此告诫世人不可以"信耳不信目"。

据说美国的《华盛顿邮报》曾经作过一个实验。他们找来了一位世界知名的小提琴演奏家,用一架价值三百五十万美元的小提琴,在地铁站演奏了四十五分钟,却没有多少人愿意驻足聆听,遑论丢下表示赞赏的硬币。许多世界知名的艺术家,都曾在成名前流落街头,等待识才的伯乐。只要有心,你我都可以拥有发现感动的慧眼。

延伸思考

一、有些言词会突破时空的限制,流传到后世各地,在做事做人上,给后人诸多指引及启发。请想想看,阅读名言和迷信权威有什么不同?

二、有人因为做好事而流芳百世,有人因为做坏事而遗臭万年。晋朝大将军桓温曾表示,"不能流芳百世,也要遗臭万年"。现代有些人抱持着类似的态度,想方设法让他人注意到自己,即使招来的是责骂也没有关系。你认为这样的想法,错在哪里?

引导作文

　　社会上有许多人崇尚名牌。有些人认为有名气的品牌就是品质的保证，即使价格昂贵一点也无所谓；有一些人在意的不是品质，而是别人羡慕的目光。请以"我对名牌的看法"，谈谈名牌的意义及价值，并论述面对名牌时应抱持何种正面的态度。

谈才华四：人才不一定能等，所以用人要及时

（一）才子而富贵，定从福慧双修得来。

（二）才子遇才子，每有怜才之心；美人遇美人，必无惜美之意。我愿来世托生①为绝代佳人，一反其局②而后快③。

（三）予尝欲建一无遮大会④，一祭历代才子，一祭历代佳人，俟⑤遇有真正高僧，即当为之。

（四）花不可见其落，月不可见其沉，美人不可见其夭⑥。

---

① 托生：即投胎。
② 局：局面、局势。
③ 快：称心。
④ 无遮大会：不分贵贱贫富都可以参加的平等法会。
⑤ 俟：等到。
⑥ 夭：短命而死。

（五）种花须见其开，待月须见其满①，著书须见其成，美人须见其畅适②，方有实际，否则皆为虚设③。

（六）天下无书则已④，有则必当读；无酒则已，有则必当饮；无名山则已，有则必当游；无花月则已，有则必当赏玩；无才子佳人则已，有则必当爱慕怜惜。

导读：谁说等久了一定是你的？

贾谊是汉文帝时的大才子，他才不过二十岁出头就得到皇帝的赏识。当他提出了与老臣周勃、灌婴等人不同的主张时，汉文帝嘉许的目光肯定让他得意非凡。然而，周勃、灌婴并非一般老臣，他们当初把汉文帝刘恒从民间找来，拥护他登上天子之位。没有他们的力量，刘恒不会有后来的地位。兔死狗烹的事情，汉高祖刘邦做得出来，汉文帝不能。至少，不能

我在台湾教语文：教孩子拥抱世界的《幽梦影》

---

① 满：指月圆。
② 畅适：畅快舒适。
③ 虚设：指形式上虽存在，实际上并没有起作用。
④ 已：罢了、算了。

做得太快、太绝。于是，贾谊下台了。不久之后，他也怀忧离开了人生的舞台。

千年之后，另一位大才子苏东坡写下《贾谊论》，批评贾谊"志大而量小，才有余而识不足"。苏东坡认为，贾谊应该把握"待"和"忍"这两个大原则，等到时机成熟，就能一展长才。

贾谊二十二岁当博士，苏东坡二十二岁中进士，两人都是少年得志。不同的是，苏东坡懂得"待"和"忍"。从他的《稼说送张琥》这篇文章里就可以看出他对自己的少年得志是如何的戒慎恐惧。"待"和"忍"是一种修养，也是一种智慧，因为成功不只要靠才华，也要等时机。

苏东坡凭着他卓越的才华与达观的态度，在漫长的人生中等待着。他等到了一贬黄州，等到了再贬惠州，等到了三贬儋州。他等了四十多年，六十几岁的寿命对古人而言，并不算是早夭，但他还是未等到一展长才的机会。其实，也不是没有过机会。当初，他受到另一位大才子欧阳修的提拔，那是一次机会。不过，他先遭母丧，后遇父丧，尽孝乃是本分，没什么可抱怨的，而机会就这么溜走了。后来，他得到高太后的重用。苏东坡的际遇证明了一件事——等待可以迎来再一次的机会。然而不久，高太后过世，苏东坡再次被贬官。他的遭遇证明了另一件事——命运也可能会再一次捉弄人。

一个人或许可以等个四十年，却几乎不可能再等个四十年。世事难预料，别说四十年了，就是只有一天，也不是人人都等得了。苏东坡批评贾谊不能等，不懂得"待"和"忍"的道理，但其实该负责任的是主事者，因为有才能的人不一定能等。

民国初年有位杰出的诗人朱湘。他是新月诗派的代表人物之一，不过，生活的重担却逼得他走投无路。先是幼子未满周岁就活活饿死，后因此与妻子离异，最后在贫病交加的情况下投江自尽，死的时候年仅二十九岁。一个理想的时代应该让每个人都能发挥自己的才能。前人曾以"蜀中无大将，廖化作先锋"一语形容三国时的蜀国将要灭亡前的人才凋零情况，但其实人才一直都在，只是没能站在适当的位置而已。有人说："环境没给年轻人希望。"针对此一现象，三国时代的蜀国，给了现代社会一个绝佳的借鉴。

延伸思考

一、孔子说："人不知而不愠，不亦君子乎！"意思是说，即使自己的才能没被发现，也不用生气。不生气不代表什么都不做，你认为应该如何做，才能让人发现自己的才能？

二、有些人认为自己有才能而不被赏识，实际上却是高估了自己的能力。你认为如何做，才能知道自己到底有没有才能呢？

引导作文

台湾导演李安曾经在家里过了六年的待业生活，由妻子担负起养家的重任。他持续在家中创作剧本，历经多年，终于荣获大奖，成为全球知名的大导演。他的例子足以带给世人许多启发。请以"把握时机，表现自己"为题，论述在人群中脱颖而出的方法。

谈交友

谈交友一：不同的场合适合不同的朋友

 原文

（一）上元①须酌豪友②，端午须酌丽友③，七夕须酌韵友④，中秋须酌淡友⑤，重九⑥须酌逸友⑦。

（二）因雪想高士，因花想美人，因酒想侠客，因月想好友，因山水想得意诗文。

（三）赏花宜对佳人，醉月宜对韵人，映雪宜对高人。

---

① 上元：农历正月十五，即元宵节。
② 豪友：个性豪放的朋友。
③ 丽友：容貌秀丽的朋友。
④ 韵友：性情风雅的朋友。
⑤ 淡友：个性恬淡的朋友。
⑥ 重九：农历九月初九，即重阳节。
⑦ 逸友：隐居山林的朋友。

导读：从"二五〇定律"来看交友这回事

出生在美国密歇根州的乔·吉拉德（Joseph Samuel Gerard）是连续十二年荣登吉尼斯世界纪录的推销高手。一般推销员每周大约卖出七辆车，而他则留下了平均每天卖出六辆车的惊人纪录。在他退休之后，许多人不远千里跑去听他的演讲，只为了汲取他的成功经验，他曾将他的成功总结成一条"二五〇定律"。

乔·吉拉德说："从参加婚礼与丧礼的平均人数可以得知，一个人的一生，大约会认识二百五十个关系较亲近的人，其中包括了亲戚、同事、邻居、朋友等。"从这条定律中，乔·吉拉德领悟到，赶走一个客户，就等于赶走了二百五十个潜在客户，因此必须时时谨慎。有人从乔·吉拉德的演讲中领悟到，一般人的多数朋友只会在婚礼或丧礼上出现，真正对自己有实质帮助的只有极少数的朋友，所以必须好好把握那些极少数的朋友。

通常每个人都有许多朋友，这一点不假，但是对自己有实质帮助的，未必只是少数，因为那应该取决于自己。孔子说："三人行，必有我师焉。择其善者而从之，其不善者而改之。"朋友的优点值得学习，朋友的缺点也可以借鉴，不只如此，朋友都有其各自的特点，在不同的情境下适合和不同的朋友来往。

晋朝的王子猷有一回在大雪中想起他那隐居的好友戴逵，于是乘船去找他。可是到了戴逵的门口，王子猷却连一声招呼都没有打就回去了。后人认为王子猷的做法太过狂诞，却也是因为戴逵是个高雅的好友而并无妨碍，换作其他人，就算不会因为王子猷不给面子而和他决裂，恐怕也会因此而大为不快吧。戴逵不过是个隐士，不可能在官场上给王子猷任何的帮助，但是王子猷有这么一个赏雪就会想起的好友，倒也着实令人称羡。

人在不同阶段结交不同的朋友，在不同场合结交不同的朋友。有的朋友适合一起读书，有的朋友适合一起出游，有的朋友则适合一起闲聊。生命若是过得多姿多彩，值得交往的朋友又怎会只有寥寥数人而已呢？然而，必须注意的是情境的问题，若是想好好享受一顿大餐，找个美食专家的好友作陪，当然是好事，若是想要控制自己的体重，身边的好友却老是在谈哪一家餐厅的东西好吃，那不是难为自己吗？

孔子说："友直、友谅、友多闻。"明代学者苏浚将朋友分为"畏友"、"密友"、"昵友"、"贼友"四种，清代文人张潮则将朋友分为"豪友"、"丽友"、"韵友"、"淡友"、"逸友"等。替朋友分类是一回事，在什么时候什么场合找什么朋友，那就要看个人的智慧了。

延伸思考

一、根据不同的标准，分类的方式便有不同。请你列出好友名单，并用自己的方式替他们分类。

二、在替朋友分类的过程中，可以了解到许多自己平常没有留意到的事，例如：某一种特色的朋友特别多，某一个阶段或领域的朋友特别少等。在整理名单时，也可能想到一些平时没想到的朋友。想想看，你最近打算参加什么活动？参加活动时适合邀哪些朋友？

引导作文

"朋友"是极为常见的作文题目。许多人在写作这类文章时会着重在介绍自己朋友、和好朋友认识交往的过程等，却不见得会想到可以和朋友一起去做些什么事。请以"朋友，我们一起去……"为题，写一篇文章。文中叙述自己想找什么朋友去做什么事，并说明想找对方的理由。

谈交友二：超越物种的友谊

　　天下有一人知己，可以不恨。不独人也，物亦有之。

　　如菊以渊明为知己，梅以和靖为知己，竹以子猷为知己，莲以濂溪为知己，桃以避秦人为知己[①]，杏以董奉为知己[②]，石以米颠为知己[③]，荔枝以太真为知己[④]，茶以卢仝、陆羽为知己，香草以灵均为知己，莼鲈以季鹰为知己，蕉以怀素为知己[⑤]，瓜以邵平为知己，鸡以处宗为知己，鹅以右军为知己[⑥]，鼓以祢衡为知己，琵琶以明妃为知己。

---

① 桃以避秦人为知己：陶渊明曾写下《桃花源记》。文中提到一群人为了躲避秦朝的暴政，逃到了栽满桃花的美丽世界。
② 杏以董奉为知己：董奉，三国时吴国名医，替穷人治病不收钱，只让人种杏树作为回报。
③ 石以米颠为知己：米芾，北宋书法家，喜欢石头，曾向奇石下拜，称为石兄，人称米颠。
④ 荔枝以太真为知己：杨太真，小字玉环，唐玄宗时的贵妃，喜欢吃荔枝。
⑤ 蕉以怀素为知己：怀素，唐代书法家，曾在芭蕉叶上练字。
⑥ 鹅以右军为知己：王羲之，人称王右军。爱鹅成痴，曾有道士用一笼好鹅向他交换书法。

一与之订，千秋不移。若松之于秦始①，鹤之于卫懿②，正所谓不可与作缘者也。

 ## 导读：米老鼠的好朋友

你讨厌老鼠吗？还是你对老鼠的感觉已经从讨厌进阶到害怕的地步？如果你知道有人很喜欢老鼠，有人的家里到处都是老鼠，你会有什么感觉？

在一辆长途行驶的火车上，有位二十几岁的年轻人发现自己休息的卧铺附近来了一只老鼠。他并不像某些人一样大声尖叫，也不像某些人一样拼命驱赶老鼠，他反而开始拿了一些面包屑来喂它。很快的，一人一鼠就成了长途旅行的好伴侣。

由于这位年轻人平时就喜欢画画，加上他所从事的是和绘画有关的工作，于是他开始拿起画笔，用自己的想象力，为

① 松之于秦始：秦始皇曾经在登泰山时遇到暴风雨，因躲避在松树下，故封它为五大夫。
② 鹤之于卫懿：卫懿公喜欢鹤鸟，封鹤鸟为高官，引发国人不满。外族入侵时，国中无人肯去抗敌，卫懿公因而被杀。

那只老鼠画下了一张又一张表情生动的图案，并且给那只老鼠取了个名字——米奇（Mickey）。

那只和年轻人结为好友的老鼠就是"米老鼠"（Mickey Mouse）的本尊，而那位年轻人就是因为创造出"米老鼠"这个角色而享誉全球的华特·迪斯尼（Walt Disney）。

时至今日，米老鼠已经成为家喻户晓的卡通经典角色，即使是怕老鼠的小孩，也不会被它吓哭。如果他们对着米老鼠尖叫，通常只有两种情况：不是要求握手，就是要求拍照，绝不是抄起扫把来打它。

米老鼠的本尊不可能知道它会成为全球小孩喜爱的对象，就算知道，它也不会在乎。只是，人们总会把自己的感情投射在其他物种上。人们会这么想象着，如果老鼠会说话，它们一定会对华特·迪斯尼说："谢谢你，你真是我们的'知己'。"

在这个世界上，喜欢老鼠的并不只华特·迪斯尼一个人而已。唐朝的柳宗元曾在他的文章里评论过一个喜欢老鼠的人。那个人住在永州，因为他的生肖是老鼠，所以他特别喜欢老鼠，命令家人绝对不可以伤害老鼠。就这样，老鼠不但子孙满堂，还呼朋引伴，一起到这老鼠天堂里享福。从此以后，这家人吃的是老鼠吃剩的，穿的也是老鼠吃剩的，就连桌子、椅子、箱子、柜子什么的，也全是老鼠吃剩的东西。过了几年，那个喜欢老鼠的人搬了家，新住户一看，老鼠居然这么嚣张，这可怎么得了！于是全力搜捕，被杀的老鼠多得像山一样，尸臭过了好几个月还没有消散。

同样是喜欢老鼠，有人能让别人也喜欢老鼠，有人则让别人更加痛恨老鼠。前一种人就像是改造我们形象的朋友，后一种人就像是纵容我们缺点的朋友。如果老鼠能够选择的话，不知道会选择什么样的人来当朋友？除了老鼠之外，在古人的浪漫想象中，菊花、梅花、竹子、莲花、桃花、杏树、石头、荔枝、茶叶、香草、莼菜、鲈鱼、芭蕉、瓜果、鸡鹅、鹤鸟、松树，乃至乐器中的鼓与琵琶等，都有"朋友"，又不知它们的"朋友"又是怎么样的人？

延伸思考

一、有人养宠物是把它们当成朋友，有人养宠物是把它们当成家人，有人养宠物是把它们当成玩具。你是否养过宠物？你觉得应该用什么态度看待宠物呢？

二、古人说："以友辅德。"好的朋友能够减少我们的缺点，改造我们的形象。请仔细想想，怎样的朋友才算是能够改造我们形象的好朋友？

引导作文

　　钟子期因为能够听出俞伯牙琴中的涵义，被俞伯牙称作"知音"而引为好友。钟子期死后，俞伯牙因为知音之死而终身不再弹琴。知音难得，人世间有一二知己好友，实为大幸。试以"知己"为题，描述自己心中的知己好友，并进一步阐述自己该如何对待知己好友。

谈交友三：云朵因为日光而幻化为彩霞，泉水因为岩石而激荡成瀑布

（一）云映日而成霞，泉挂①岩而成瀑，所托者异，而名亦因之，此友②道③之所以可贵也。

（二）有工夫④读书，谓之福；有力量济人⑤，谓之福；有学问著述，谓之福；无是非到耳，谓之福；有多闻直谅⑥之友，谓之福。

（三）对渊博友，如读异书⑦；对风雅友，如读名人诗

———————

① 挂：悬挂。
② 友：结交。
③ 道：即"有道"，指有道德学问的人。
④ 工夫：指空闲时间。
⑤ 济人：救助别人。
⑥ 多闻直谅：指见闻广博、正直守信。谅，诚信。
⑦ 异书：内容新奇特别的书。

文；对谨饬^①友，如读圣贤经传；对滑稽友，如阅传奇小说。

（四）黑与白交，黑能污白，白不能掩黑；香与臭混，臭能胜香，香不能敌臭。此君子小人相攻^②之大势^③也。

 ## 导读：朋友就是知识，朋友就是力量

怎么样的朋友才是真正的"好朋友"？孔子说得很清楚："友直，友谅，友多闻。""直"就是正直，正直的朋友会规劝我们的过失，让我们可以变得更好；"谅"就是诚信，诚信的朋友会说到做到，和他们一起做事，可以把事情做得更好；"多闻"就是见多识广，和见多识广的朋友一起谈话，可以增加自己思考的深度。东晋大文豪陶渊明在《移居》一诗中说："奇文共欣赏，疑义相与析。"说的就是那种可以共同鉴赏文学，可以一起讨论问题的"多闻之友"。为了和这样的朋友在一起，陶渊明甚至大费周章地搬到这种贤士的

---

① 谨饬：态度谨慎，懂得约束自己。饬，音chì。约束修养。
② 攻：较量。
③ 大势：事情发展的趋势。

隔壁，和他做邻居。

"多闻之友"不一定要像百科全书一样什么都会，只要能在某个领域有深入独到的见解，就算是"多闻"。作家林良在写给女儿樱樱的信中说："朋友真像一本一本的好书。"这句话可以加一个字："'好'朋友真像一本一本的好书。"好书不妨多读几次，多读几本，至于那不好的书，还是应该尽量离远一点，以免戕害了自己的心灵，破坏了自己的名声，所以孔子也强调："就有道而正焉。"意思是说要亲近有道德的人，借以端正自己的行为。

关于朋友的意义，前人已有相当多的讨论。从过去的农业社会进入现代工商社会以后，人际关系的重要性日益增加。许多人以美国斯坦福大学研究中心发表过的一份调查报告，强调人际关系的存在价值："一个人赚的钱，12.5%来自知识，87.5%则是来自于关系。"

人际关系不只影响个人的事业，也影响个人的学识。古典诗人张梦机教授曾说："根据我的经验，在大学里一些卓越人才的出现，往往是在群体中产生。"他以学者如王熙元、许锬辉、陈新雄、李殿魁、王关仕等知名教授为例，证明这种看法。就连张教授本人，也是交游广阔，曾提携过许多后进。

作家张曼娟就读于世界新闻专科学校（今世新大学）时，曾经修过一门难度颇高的《中国现代史》，其间为了准备期末考试，她与四位好友共同研究课本，在提问、讲述的过程中，她领会到最佳的学习方式。那次考试，五个人顺利过关。朋友间激荡出来的力量，实在不容小觑。

延伸思考

一、孟子说："西子蒙不洁，则人皆掩鼻而过之。"即使美如西施，一旦沾满了脏东西，别人也不能把臭的当成香的。西施也不能向别人抗议说，发臭的是脏东西，又不是她。和坏人往来，即使做坏事的不是自己，旁人也把他看成坏人。请问你认同这样的看法吗？为什么？

二、你平时都和朋友聊些什么？是食物？是衣服？还是书本？除了这些，你觉得还有什么事情可以和朋友一起讨论？

引导作文

一提到"好朋友"，大家往往就会想成是"交情很好的朋友"。然而，交情最好的朋友，不一定就是对自己最有帮助的朋友。有些平时较少往来的朋友，却对自己的学业道德很有帮助。孔子所说的"直"、"谅"、"多闻"，指的就是这类"好"朋友。请以"我的'好'朋友"为题，具体说明自己在生活上遇到过哪些有助于自身学业道德的朋友，或是描述自己心中的"好"朋友。

谈交友四：聊天要找对朋友

（一）一介^①之士，必有密友；密友不必是刎颈之交^②。大率^③虽千百里之遥，皆可相信，而不为浮言^④所动。闻有谤^⑤之者，即多方为之辩析^⑥而后已。事之宜行宜止者，代为筹画决断^⑦。或事当利害关头，有所需而后济^⑧者，即不必与闻^⑨，亦不虑其负我与否，竟为力承其事。此皆所谓密友也。

（二）发前人未发之论，方是奇书；言妻子难言之情，乃为密友。

---

① 一介：一个。
② 刎颈之交：生死相交的朋友。
③ 大率：大概、大致。
④ 浮言：不实的谣言。
⑤ 谤：诽谤。造谣中伤别人。
⑥ 辩析：辩解说明。
⑦ 决断：拿主意。
⑧ 济：成功。
⑨ 与闻：参加。

（三）乡居须得良朋始佳。若田夫樵子，仅能办五谷而测晴雨，久且数[1]未免生厌矣。而友之中当以能诗为第一，能谈次了，能画次之，能歌又次之，解觞政[2]者又次之。

（四）经传宜独坐读，史鉴[3]宜与友共读。

（五）并头[4]联句[5]，交颈[6]论文，宫中应制[7]，历使属国[8]，皆极人间乐事。

（六）求知己于朋友易，求知己于妻妾难，求知己于君臣则尤难之难。

导读：交朋友要讲求"门当户对"

有一个寓言故事是这样说的：一位公司的经理带着他的

---

① 数：次数多。
② 觞政：行酒令。
③ 史鉴：历史著作。
④ 并头：并排。
⑤ 联句：一种集体创作的方式。
⑥ 交颈：本指动物间表示亲昵的行为，此指关系亲近。
⑦ 应制：奉旨创作诗歌等。
⑧ 属国：附属国。

助理和秘书到某地出差，却迷失在一处没有人烟的地方。太阳晒得路面发烫，更晒得他们又渴又饿。正在走投无路的时候，他们捡到了一盏神灯。神灯里的精灵答应给他们一人一个愿望。助理说："我希望你能送我到游泳池畔享受冰凉的饮料。""砰"的一声，助理就到了游泳池畔。秘书说："我希望你能送我到高级餐厅品尝美味的食物。""砰"的一声，秘书就到了高级餐厅。轮到经理说他的愿望了。经理说："我希望你能送他们两个人到公司里办公。""砰"的一声，助理和秘书就回到了公司。

老板和员工的身份不同，看事情的角度不同，员工想的是"钱多事少"，老板却往往希望员工"事多钱少"，虽然不必然如此，但是就各人的利益来看，却是如此。因此，老板和员工要保持好的关系是可能的，但要成为好的朋友，则是难上加难。

朋友之间必须是对等的，唐朝的刘禹锡在《陋室铭》里说得最实际："谈笑有鸿儒，往来无白丁。"鸿儒就是有学问的大才子，白丁就是没知识的平常人。刘禹锡是大诗人，脑子里装的不是文学就是政治，和没知识的平常人聊这些是聊不起来的，要是尽聊那些种田砍柴的事，闷也闷坏他了。

有人会问："不对啊！另一位大诗人王维不是有一首《终南别业》，里面不是说：'偶然值林叟，谈笑无还期。'他们不就聊得挺愉快的？"话是没错，问题是前两句诗："行到水穷处，坐看云起时。"那王维是走到深山里，半天没见到一个人，好不容易遇到一个讲"人话"的，当然开心地忘了回家。

真正能够和农夫樵夫尽情聊天的，恐怕只有陶渊明或孟浩然这类田园诗人才行，因为他们也下田，所以有共同的话题，一如孟浩然的诗："开轩面场圃，把酒话桑麻。"然而，陶渊明也在《移居》诗里提到"奇文共欣赏，疑义相与析"的乐处。说到底，文人可以有其他领域的好友，但还是要和文人交朋友才行。

古人认为，结婚要"门当户对"，这种说法见仁见智，但交朋友要"门当户对"，应该是有几分道理的，不是吗？

延伸阅读

一、你最要好的朋友有哪些？你们平时聊的是什么话题？

二、你认为交朋友要找个性相同的朋友好？还是要找个性互补的朋友好？结交这两种朋友，分别有什么好处？

引导作文

平均一天之内会说多少句话，每个人的差异都很大。不过，人在一生里说过的话，往往是没用的比有用的多，这一点应该会让许多人深表同意。在你心中，哪些话是有用的？哪一次聊天是让你感觉收获丰富的呢？请以"一次难忘的谈话"，描述你个人或你所听到的聊天体验。

谈处世

谈处世一：潇洒走一回

（一）鳞虫[1]中金鱼，羽虫[2]中紫燕，可云物类神仙。正如东方曼倩[3]避世金马门[4]，人不得而害之。

（二）入世须学东方曼倩，出世须学佛印了元。

（三）胸藏邱壑，城市不异山林；兴寄烟霞，阎浮[5]有如蓬岛。

（四）愿在木而为樗[6]（不才终其天年），愿在草而为蓍[7]（前知[8]），愿在鸟而为鸥（忘机），愿在兽而为廌[9]（触邪），愿

---

① 鳞虫：指鱼类、爬虫类等。
② 羽虫：指鸟类。
③ 东方曼倩：东方朔，字曼倩，西汉人。
④ 金马门：因古代官署门旁有铜马，因此借指官署。
⑤ 阎浮：指人所住的世界。
⑥ 樗：音chū。樗树因没有用途而不被砍伐，得以安享天年。
⑦ 蓍：音shī。古人以蓍草占卜，预测未来。
⑧ 前知：预见未来。
⑨ 廌：音zhì。古代传说中的异兽（一说独角兽），据说它会判断善恶，用头上的角攻击恶人。

在虫而为蝶（花间栩栩），愿在鱼而为鲲①（逍遥游）。

（五）当为花中之萱草，毋为鸟中之杜鹃②。

（六）为浊富③不若为清贫④，以忧生不若以乐死。

（七）风流自赏，只容花鸟趋陪；真率谁知，合受烟霞供养。

（八）牛与马，一仕而一隐也；鹿与豕，一仙而一凡也。

（九）蝉为虫中夷齐⑤，蜂为虫中管晏⑥。

（十）傲骨不可无，傲心不可有；无傲骨则近于鄙夫，有傲心不得为君子。

---

① 鲲：传说中的大鱼。据说会变化成鹏鸟，翱翔天际。
② 杜鹃：鸟名，传说为古代蜀帝被放逐后变化而成。古代文人多以杜鹃为悲伤的象征。
③ 浊富：靠不正当的手段致富。
④ 清贫：清白而贫穷。
⑤ 夷齐：伯夷、叔齐。商朝时著名的隐者，因不食周粟而死。
⑥ 管晏：管仲、晏婴。春秋时齐国的宰相，素有政声。

导读：用轻松的心情面对困境

圣严法师曾说："面对它、接受它、处理它、放下它。"话中的"它"，可以指社会的黑暗或生活的困顿。历史上有许多逃避乱世的人，如春秋时并肩耕作的长沮、桀溺等，他们选择了远离人群的方式，试图找到一片宁静的乐土，人们称这些人为"隐士"。面对"隐士"，孔子曾感叹地说："鸟兽不可与同群，吾非斯人之徒与而谁与？"他认为，人终究必须和他人产生联系，不能永远与鸟兽为伍，无论对社会有多么不满，不和人在一起，又能和谁在一起呢？

逃避痛苦原是生物的本能，不是坏事，只是逃避痛苦之外，还得面对现实。现实是，逃避解决不了问题；现实是，逃得了一时，逃不了一世。《论语》中记载了不少隐士的言行，他们大多嘲讽孔子的努力是徒劳无功。从他们的冷嘲热讽中，可以看出，他们的心里其实是痛苦的。

当一切做法都无法解决痛苦时，就只能用想法去适应痛苦。汉朝的东方朔曾说过："避世金马门。"意思是说，他虽然身在朝廷中，却存着隐居的想法。前人说："大隐隐于朝，中隐隐于市，小隐隐于野。"东方朔就是"隐于朝"的"大隐"。

东方朔虽然没有明说，他是怎么个"隐"法？但是他的生平给了后人清楚的答案。他的生平记载在《史记》的《滑稽列传》中。滑稽就是诙谐，就是幽默，用诙谐幽默的方式，面对黑暗残酷的现实，这就是东方朔"隐于朝"的诀窍。

天才却与庸才同等待遇，这绝对是件痛苦的事。对此情形，东方朔并不怨天尤人，他只是一派轻松地拿一位矮个儿的庸才作文章，对皇帝说："我个头高，却和矮个儿的人拿一样多的米。矮个儿会撑死，我会饿死。"让皇帝在扑哧一笑中，给自己加了薪。

困境难以避免，不妨用轻松的心情去处理它或是接受它。二〇〇八年，中国汶川发生一场大地震，数万人丧生。逃过一劫的灾民在灾区里过着物资缺乏的生活，但记者进入灾区采访时，却发现许多小孩子拿着竹片木棍，玩得正开心。即使是最黑暗的时刻，孩子的笑容也总能带来希望。

笑容是希望的源头。面对困境时，人们如果能像孩子们一样，拥有苦中作乐的本事，就不会放弃希望。只要希望还在，那么，再大的困境，也都可能会有转机。

延伸思考

一、近代文学家林语堂先生曾将英文的"humor"一词译为"幽默"。林语堂的文章也以"幽默"闻名，常让人在会心一笑中，领悟人生道理。幽默不等于搞笑，搞笑只以逗人发笑为目的，本身不见得有更深刻的意义。有些文章或戏剧采幽默的手法来表现主题，有些文章或戏剧则以搞笑的手法来引人注目。请思考一下，你曾经看过的文章或戏剧，哪些是幽默，哪些则是搞笑？

二、《论语》说："乐然后笑，人不厌其笑。"请想想看这句话是什么意思，为什么在开心时大笑，才不会让别人觉得讨厌？

引导作文

有位将军在准备上台演说时不小心摔了一跤，士兵看了他的糗态，忍不住笑出声来。他好整以暇地站起身，说了一句："我想，我跌的这一跤，比任何言语都更能激励士气。"人都难免有出糗的时候，这时，妥善的处理方式可以化解当时的尴尬。请以"出糗的时候"为题，描述一件让自己尴尬的事，并叙述自己的处理方式。

谈处世二：打抱不平的正义哥

（一）胸中小不平，可以酒消之；世间大不平，非剑不能消也。

（二）圣贤者，天地之替身。

（三）阅《水浒传》，至鲁达打镇关西①、武松打虎，因思人生必有一桩极快意事，方不枉在生一场。即不能有其事，亦须著得一种得意之书，庶几无憾耳。（如李太白有贵妃捧砚事，司马相如有文君当炉事，严子陵有足加帝腹②事，王之涣、王昌龄有旗亭画壁③事，王子安有顺风过江作《滕王阁

---

① 鲁达打镇关西：军官鲁达因打抱不平，打死了恶霸镇关西，被迫出家避祸。
② 足加帝腹：严子陵，是东汉光武帝刘秀的朋友。刘秀当了皇帝后，找来了隐居不出的严子陵，请他到宫中长谈。当晚，两人同睡一床，严子陵把脚搁在刘秀的肚子上，刘秀却不以为意。
③ 旗亭画壁：王之涣和王昌龄、高适一起到酒楼喝酒，三人相约，歌妓唱的如果是自己的诗，就在墙壁上作记号，而最美的歌妓唱的是王之涣的《凉州词》。旗亭，酒楼。

序》①事之类。)

（四）酒可好不可骂座②，色可好不可伤生，财可好不可
昧心，气可好③不可越理。

导读：逃避的酒与奋战的剑

魏晋南北朝的文人大多喜欢喝酒。他们平时和家人一起
喝酒，和朋友一起喝酒，和不是朋友的人一起喝酒，甚至有时还
和猪一起喝酒，像阮咸就是。至于喝酒的时机，那就有更多可能
了。举凡出游、写字、作文、谈心等，无一不是喝酒的好时机。
就算是办丧事，对于阮籍这样的人而言，还是不忘来上一杯。

有人认为，魏晋文士之所以爱好饮酒，一则为了避祸，
再则为了消忧。有一回，掌权的司马昭看中了阮籍的女儿，

---

① 顺风过江作《滕王阁序》：王勃，唐朝文学家，曾在旅途中作了一个
梦。梦中，水神告诉他要用顺风送他一程。他醒来后，得到风力的帮助，很
快就到了南昌，并在那里写下传诵千古的《滕王阁序》。
② 骂座：酒宴中因醉酒而骂人。
③ 气可好：此处有放纵性情的意思。气，指脾气或个人性情。

想找她来当媳妇，于是派人上门提亲。阮籍不想答应这门亲事，又惹不起司马家，所以一连醉了两个多月，直到提亲的人无功而返为止。

藉酒避祸的成功例子不多，因为掌权者高兴杀谁就杀谁，根本就不管对方有罪无罪，又怎么会在意对方有醉没醉呢？

魏晋名士王大评论阮籍说："阮籍胸中垒块，故须酒浇之。"事实上，喝再多的酒似乎也没能发挥解愁消忧的功效。阮籍在母亲过世时，不顾禁酒的礼俗，一连喝了三斗酒，还是止不住他心中的伤痛，随着一声悲号，咯出了数升的鲜血。

一个时代的悲剧要等到那个时代完全落幕后，才算真正完结。在天下太平之前，无助的人们只能仰望英雄侠士仗剑而起，扫荡世间的不公不义。在武侠小说家金庸所著的《倚天屠龙记》中，表现的就是人民的这一种想法。

《倚天屠龙记》里有一句："武林至尊，宝刀屠龙。号令天下，莫敢不从。倚天不出，谁与争锋。"故事说的是南宋的郭靖及黄蓉两位侠士将兵法和武功的精要分别封入刀剑中。刀以"屠龙"为名，寄寓着驱除异族君主的希望；剑以

"倚天"为名，蕴藏着替天行道、为民除害的涵义。

侠客的仗义之举，固然大快人心，但是替天行道的背后，却往往带来巨大的冲突。公元二〇〇四年，"白米炸弹客"杨儒门被捕，理由是他曾多次放置爆裂物，要求相关部门重视开放稻米进口后的农民生计问题。三年后，他获得了特赦。

杨儒门的行为，引发了社会上许多讨论的声音，有人认同，也有人批评。不过，杨儒门在他的新书发表会上表明他不会再用炸弹引爆问题，而是用文字和诚意来解决问题。进步的社会就应该用进步的方法来解决问题，在逃避与抗争之外，其实还存在着不少可以遵循的途径，不是吗？

延伸思考

一、到现在为止，你所遇到的最大挫折是什么？当你遇到挫折的时候，采用的是什么样的态度去面对它？

二、对于现实，一般人或多或少都会有所不满。在这种时候，你会选择什么做法？是忍受它？或是去改变它？还是有什么不同的做法？

三、每个人都可以选择自己对待生活的态度或方式，但是任何选择都应该有其限度及原则，请思考"如何面对自己的选择"。

引导写作

　　小孩子在跌倒中学会走路，一般人在挫折中学会做事。跌倒了以后，不试着站起来，就不可能学会走路；遇到挫折时，不试着打起精神，就不可能解决难题。请以"重新站起来"为题，阐述面对挫折时应有的正面态度。

谈处世三：看你印堂发黑，不过却是吉星高照

（一）昭君以和亲而显[1]，刘蕡以下第而传[2]，可谓之不幸，不可谓之缺陷。

（二）天下唯鬼最富，生前囊无一文，死后每饶楮镪[3]。天下唯鬼最尊，生前或受欺凌，死后必多跪拜。

（三）镜不幸而遇嫫母，砚不幸而遇俗子，剑不幸而遇庸将，皆无可奈何之事。

---

[1] 昭君以和亲而显：汉朝的王昭君因到匈奴和亲，因此扬名。
[2] 刘蕡以下第而传：刘蕡，唐朝人，虽有文采，却因抨击宦官掌权，故不被科举录取。他因勇于挑战宦官势力而得到世人嘉许。下第，落榜。
[3] 楮镪：音chǔ qiāng。古代祭拜鬼神时所用的纸钱。

导读：一封恭喜朋友家里失火的书信

王参元是唐朝大文豪柳宗元的朋友。有一次，他家失火了，所有财产付之一炬。这时候，他收到了柳宗元捎来的一封信，信中大意如下：

"我听一位朋友说，你家失火了。一开始我吓了一大跳，后来仔细想了想，我觉得应该为你感到高兴。

"大家都知道，你是一个很有才华的人。问题就出在你家太有钱了，所以没有人敢推荐你做大官。为什么呢？因为只要一开口向皇上推荐你，就会被别人怀疑是拿了你给的好处，才会替你说好话。

"现在，火灾让你破产了。这代表上天有意帮助你，想让你有出头的机会。从今以后，大家都可以放心地举荐你，不用背负收受贿赂的嫌疑。你将来一定会大有前途……"

即使是在今天，柳宗元"幸灾乐祸"般的论点，还是十分惊世骇俗，更甭提王参元收到信时会多么震撼了。然而，柳宗元在信中所传达的道理，和安慰人的俗语"塞翁失马，焉知非福"相比，其实更加深切。

从前有一位塞翁，家里走失了一匹马，别人来安慰他，他说："走丢了一匹马，说不定是好事呢！"没多久，那匹马回来了，还带来了另一匹马，别人来祝贺他，他却说："多了一匹马，说不定是坏事呢！"后来，他的儿子骑着那匹新马，摔断了腿，他认为是好事，结果儿子因为腿断了，所以不用去当兵，保住了一命。

大家在引用"塞翁失马"的典故时，多半只着重在前头"焉知非福"的部分，对于"丢失了马，找回马，儿子摔断了腿"这部分，就视而不见。事实上，故事如果到这里戛然而止，那么"塞翁失马"，到底还是"祸"啊！

"因祸得福"的例子固然多有存在，"屋漏偏逢连夜雨"的事实却也屡见不鲜，遇到坏事之后，不一定就会碰见好事，世间的道理并不是这么公式化的。在遭遇灾祸时，与其用"焉知非福"的想法来面对，倒不如用"天将降大任于斯人也，必先苦其心志"的观念来思考，在痛苦中找寻正面的意义，在痛苦中培养正确的态度。

现代作家刘侠在童年时得了罕见的疾病——类风湿性关节炎，终生受病痛折磨，但是她仍然勇敢地提起笔，以杏林子为笔名，写下一篇篇动人的文章。她曾写过一篇《感谢玫瑰有刺》，感谢病痛让她学会谦卑与柔和。抱着这种态度去面对生活中所遭遇的一切，又怎么会在顺境中迷失？又怎么会被逆境所击倒呢？

延伸思考

一、历史上曾发生过许多天灾及人祸。这些灾祸带给人们痛苦，也让世人见到了人性的光明面。例如：台湾曾发生过的九二一大地震及纳莉风灾等，都曾发生过许多感人的故事。请试着从书本或网路等媒体中找出类似的感人故事。

二、正所谓"危机就是转机"，世上的祸福，往往视个人观点而定。你最近曾遭遇到什么不顺利的事，请仔细思考看看，那件不顺利的事带给你什么样的启示或教训？

引导作文

庄子曾经说过："知其不可奈何而安之若命，德之至也。"一般人在生命中所遇到的困境，有些时候是人力所不可避免的，有些时候则是可避免而只是没有尝试罢了。若是前者，则不妨认命，若是后者，则应该试图改造命运。请以"认命与改运"为题，举例说明在哪些情况可以认命，在哪些情况下应该造命？具体的做法又该如何？

谈处世四：闲闲不能没事

（一）人莫乐于闲，非无所事事之谓也。闲则能读书，闲则能游名胜，闲则能交益友，闲则能饮酒，闲则能著书。天下之乐，孰①大于是？

（二）文名②可以当科第③，俭德可以当财货，清闲可以当寿考④。

（三）能闲世人之所忙者，方能忙世人之所闲。

（四）鸟声之最佳者：画眉⑤第一，黄鹂、百舌⑥次

---

① 孰：音shú。哪些。
② 文名：善于写诗文的好名声。
③ 科第：科举的等第。
④ 寿考：长寿。
⑤ 画眉：鸟名。鸣声嘹亮悦耳。
⑥ 百舌：鸟名。啼声悦耳而多富变化。

之。然黄鹂、百舌，世未有笼①而畜②之者，其殆③高士④之俦⑤，可闻而不可屈者耶。

（五）不治⑥生产，其后必致累人；专务⑦交游，其后必致累己。

（六）闲人之砚，固欲其佳，而忙人之砚，尤不可不佳；娱情之妾，固欲其美，而广嗣⑧之妾，亦不可不美。

 ## 导读：无赖也可能变明星

传说围棋是尧所发明的。他发明围棋的原因是为了让儿子丹朱有事可做。丹朱是尧的长子，理应继承尧的帝位，但是

---

① 笼：关到笼子里。
② 畜：音xù。饲养。
③ 殆：大概。
④ 高士：指志趣、品格崇高的人。或指隐士。
⑤ 俦：音chóu。类。
⑥ 治：从事，经营。
⑦ 专务：专心致力。
⑧ 广嗣：多生子女。

他的个性顽劣，不堪造就，所以尧就找人设计了一种游戏给丹朱打发时间，免得他闲闲没事，四处闯祸。围棋就这么被发明出来了。

古人把不做正事的人叫做无赖，视他们为社会秩序的破坏者。小说《水浒传》里的大反派高俅在发迹前就是个市井无赖，平日所做的，都是些弄钱整人、惹是生非的勾当。在因缘巧合下，当上了高官，可是本性难改，成天找梁山好汉的麻烦。林冲就是被他逼上梁山的。明代的魏忠贤也是无赖出身，后来跑去当太监，把持朝政，把明朝的天下搞得天昏地暗。

人不能成天躺着不做事，也不能整天做事不休息。偶尔休息休息，绝对是一大乐事。不过，休息时也该从事一些正当的休闲活动才是。所谓的正当，指的就是别伤害别人，能让自己在心灵或健康上有所长进，例如：看看书、打打球、爬爬山、聊聊天什么的。

闲闲没事做就容易做坏事，这是因为堕落比上进容易。提到闲闲没事做，许多人会想到街头的游民，认为他们是社会问题的制造者。公元二〇〇八年，一群游民摄影家举办了一场"底层流动、流浪的视界"摄影展。其后，他们又举办了多次摄影展，让人们见到生活在社会底层的人们生活，也让人了解到，游民并不是闲闲没事做的人，他们只是被大环境逼到都市的角落，而只能够咬着牙忍受着社会的忽视与误解。

努力工作却得不到安定的生活，错的是社会；强调努力而忽视了正当的休闲，错的是教育还有环境。观念的教育是不够的，还须有环境的配合。高俅平常不学好，却是个踢球高手。活在宋朝的他，不过是个无赖，就算当了大官，也不过是个当了大官的无赖。要是在现代，高俅应该会是个耀眼的运动明星，说不定还会被封个"大宋之光"的称号。

好的休闲活动，可以让自己从中得到成就感。就这一点而言，靠的不只是个人的努力，还要有社会环境的配合。在古代，工艺雕塑被视为"奇技淫巧"，更早之前，琴棋书画还曾被称作"玩物丧志"，时至今日，这些曾被否定的休闲活动都已被世人所肯定。再以电子竞技活动为例，早些年，这类活动被视为不务正业的游戏。公元二〇一二年十月，台湾地区的选手击败了韩国选手，夺得了世界冠军，相关部门立刻表示愿意协助电竞选手进军运动会。因此，任一活动是否具备正面的意义，还得看大环境是否配合。

让每个人能够在各种不同的领域中，发挥所长，得到肯定，这才是理想的社会。

延伸思考

一、你平常的休闲活动有哪些？其中哪些是被他人视为"有用"的？哪些是被他人视为"没用"的？

二、有哪一种被许多人视为"没用"的休闲活动，在你眼中却是"有用"的？你觉得它"有用"在哪里？

三、工作需要规划，休闲也需要规划。你平常有没有规划自己的休闲活动？有的话，你是如何规划的？没有的话，你觉得应该如何规划？

引导作文

孔子曾经说过："虽小道，必有可观者焉。"在世俗的眼中，休闲娱乐属于"小道"，然而，唱歌、打球等虽属于休闲娱乐领域，只要有人能在这些领域中发挥所长，得到成就，仍旧会赢得世人敬重的眼光。请以"有价值的休闲活动"为题，举例说明你所知道的休闲活动及它的价值。

谈处世五：什么都有可能，什么都不奇怪

（一）黄九烟[1]先生云："古今人必有其偶双。千古无偶者，其惟盘古[2]乎？"予谓："盘古亦未尝无偶，但我辈不及见耳。其人为谁？即此劫[3]尽最后一人也。"

（二）南北西东，一定之位也；前后左右，无定之位也。

（三）先天八卦，竖看者也；后天八卦，横看者也。

（四）蛛为蝶之敌国，驴为马之附庸[4]。

---

[1] 黄九烟：黄周星，字景虞，号九烟。清初文人，喜欢猜谜，有"谜坛宗匠"之称。
[2] 盘古：神话中天地的开辟者。
[3] 劫：梵语。"劫波"的略称。佛教认为，天地经过一段时间就会完全消灭，然后重新开始，称为"一劫"。
[4] 附庸：附属的小国。

（五）吾家公艺，恃百忍以同居[1]，千古传为美谈，殊不知忍而至于百，则其家庭乖戾暌隔[2]之处，正未易更仆数[3]也。

（六）九世同居，诚为盛事，然止当与割股庐墓[4]者作一例看，可以为难[5]矣，不可以为法[6]也，以其非中庸之道也。

 ## 导读：换个角度看事情

据说这是一道测验学龄前儿童的题目："如果818等于四，119等于一，600等于三，那么，749等于多少？"标准答案是一。你答对了吗？

为什么？因为8的形状是两个圈圈，9只有一个圈圈，6也只有一个圈圈。749里头只有一个圈圈，所以答案是一。

---

① 恃百忍以同居：唐高宗经过张公艺的家，看到他家九代同堂，就问他为什么。张公艺写下一百多个"忍"字作为回答。
② 乖戾暌隔：不和谐。
③ 未易更仆数：指数量很多，几个人来轮流数都不容易数清楚。
④ 庐墓：为了守丧，而在坟墓旁搭建小屋居住的行为。
⑤ 为难：视为难得、不易做到。
⑥ 为法：视为常理。

数字不一定只有加减乘除，数字也不一定要当数字看，它也可以当成一般的图形来看。对于接受过数字基本知识的人而言，要这么想并不容易，但是对于不认识阿拉伯数字的学龄前儿童，这么想是再自然不过了。

在金庸所著的小说《侠客行》里，主角石破天因为不认识石壁上的文字，而把一笔一画看成经脉运行的指示线条，因而学会了绝世武功。小说里说："换作一个学写过几十天字的蒙童，便决计不会顺着如此的笔路存想了。"

学习可以让人得到知识，使人从无知变为有知，没有人可以否定学习的作用，但是，学习者也必须正视学习可能带来的局限。庄子说："吾生也有涯，而知也无涯。"知识本身是无限的，但是透过学习而得到的知识却是片面而有限的，无论做再多的努力，人们对事物的认识绝非完全。人们只能够试着从各种不同的角度去认识一件事，并虚心地承认其他可能性。

举例来说，无知的小孩什么都可能拿来吃，经过学习以后，他会知道，木炭是拿来煮食物的，食物可以吃，木炭不可以吃。然而，什么都有可能。现今科技发达，经过特殊处理之后，木炭也可以是食物的添加物，它也可以吃。知道木炭不可以吃，这是一种进步，因为不会因此而闹肚子疼。从知道木炭不可以吃，进而知道木炭可以吃，这又是一种进步，因为那代表着科技的迈进。

古人说："难如登天。"现代则发明了飞机。有人认为水火一定不容，但是到过台南的关子岭，看过水火同源奇景的人，就一定不会再这么说。世上的事物背后都有它的道理，掌握了知识，才能了解它的道理。不过，既然人不可能掌握所有知识，那么，一切就有其他的可能。

孔子说："君子于其所不知，盖阙如也。"这句的意思并不是要人们把不知道的事情放下不管，是要人们别太武断地否定其他可能性。有时候，从其他的可能去想事情，反而才能找到正确的答案。相信其他可能不仅是追求知识的基本态度，也是创造发明的起点。因为，相信一切都有可能，才能让一切都变成可能。

延伸思考

一、科技让许多古人的想象变成可能，例如电话的发明，可以使人和远方的朋友交谈。除了电话以外，你认为现代还有哪些发明，可以说是实践了古人的想象呢？

二、有人强调想象力的重要性，有人认为不能常做白日梦。你认为想象力和白日梦一样吗？如果相同的话，两者有什么共同特性？如果不同的话，两者有什么相异之处？

引导作文

胡适说："大胆的假设，小心的求证。"他也曾写过一篇《差不多先生传》，用以强调做事力求精细的重要性。美国哲学家爱默生说："怀疑是科学的种子。"大胆、小心、精细、怀疑等，都可以说是科学精神的展现。试以"从科学精神开始"为题，说明科学精神的意义、价值及做法。

谈修养

谈修养一：圣人做好事，也是做自己

原　文

（一）无善无恶是圣人，善多恶少是贤者，善少恶多是庸人，有恶无善是小人，有善无恶是仙佛。

（二）何谓善人？无损于世者则谓之善人。何谓恶人？有害于世者则谓之恶人。

（三）不待教而为善为恶者，胎生也；必待教而后为善为恶者，卵生也；偶因一事之感触，而突然为善为恶者，湿生①也；前后判若两截，究非一日之故者，化生②也。

（四）凡物皆以形用，其以神用者则镜也，符印也，日晷③也，指南针也。

---

① 湿生：因为湿气而形成的生命。
② 化生：单凭业力，无所依托而形成的生命。
③ 日晷：一种以日影测量时间的器具。

（五）立品①须发乎宋人之道学②，涉世③须参以晋代风流④。

（六）古谓禽兽亦知人伦，予谓匪独⑤禽兽也，即草木亦复有之。牡丹为王，芍药为相，其君臣也；南山之乔，北山之梓⑥，其父子也；荆之闻分而枯，闻不分而活⑦，其兄弟也；莲之并蒂，其夫妇也；兰之同心，其朋友也。

 ## 导读：把做好事变成生活的一部分

因长年行善而获得世人肯定的菜贩陈树菊女士曾说："我只是一个小摊贩，小学毕业，卖了近五十年菜，足迹几乎不出台东，见识有限。我会做事情，但真的不会讲什么大道

---

① 立品：培养品德。
② 道学：探讨道德心性的学问，又称"理学"，盛行于宋朝。
③ 涉世：做人做事。
④ 风流：有才华而不拘礼法的作风，流行于魏晋，或称"名士风流"。
⑤ 匪独：不只。
⑥ 南山之乔，北山之梓：商子以南山的乔木和北山的梓木为譬喻，说明侍奉父亲的道理，于是后人用"乔梓"代称父子。
⑦ 荆之闻分而枯，闻不分而活：汉朝的田真兄弟要分家，打算把门前的荆树一分为三，结果荆树突然枯萎了。后来，他们决定不分家时，荆树又突然活了过来。

理。"和陈树菊女士一样被誉为"亚洲慈善英雄"的还有一位靠拾荒为生，而在三十三年内捐出四百多万（新台币）做善事的赵文正先生。他说："我自己能力也没有多好，拿一点钱帮助别人一下。"从他们的话里可以知道，在这些"慈善英雄"的心中，行善不过是日常生活的一部分而已。

孔子曾经说过，他在七十岁的境界是"从心所欲，不逾矩"。换句话说，他在做好事的时候，也不过就是在做心里想做的事罢了，压根就没想到自己正在做"好事"。对一位"圣人"而言，世人口中的"好事"，不过也是"平常事"而已。

当好事成为平常事，那么，好人也就成为平常人了，所以先秦的道家思想认为，一个没有好人的社会，才是最好的社会。举例来说，如果所有人都习惯让座给老弱妇孺，那么，让座也就成为一件没什么大不了的事了。在这样的社会里，即使有人起身让座，恐怕也不会有人多看他一眼。道家思想向往的，就是这样一个社会。

把"好事"当作"平常事"的圣人难得一见，但是人们总要立个偶像来当作效法学习的对象吧！于是人们把崇敬的眼光投向"仙""佛"。"仙""佛"是纯然的"善",连一丝"恶"的杂质都不容掺入。

既然有纯然的"善",那么,有没有纯然的"恶"呢?当然有。就是那些唯利是图的小人。他们无论做什么事都要计算,计算做那件事对自己有什么好处。他们做的事,就算是好事,也是出于不良的居心,不能算是好事。

圣人千载难逢,仙佛远在天边,小人藏在暗处,大部分的人都是平常人。平常人的特性是,好事总是做得比较少。倒也不是他们不想做好事,只是他们常把好事给做"坏"了。以被世人所诟病的"恐龙法官"为例,他们固守法条,脱离社会常识,自以为维护了法律的尊严,却赔上了人民对法律的信心。

做好事需要道德,也需要能力。有能力的贤者,或许受限于外在条件,没有办法做好每一件事,但是他们能做的好事,远大于做坏的事。更重要的是,他们即使做坏了,也会想方设法去弥补改进。社会最需要的是这一类的人。

延伸思考

一、有人认为,做人要修养自己。有人认为,做人要活出自己。请想想看，修养自己和活出自己有什么关联？两者是相互矛盾的关系呢？还是相辅相成的关系？

二、"人非圣贤，孰能无过？"一般人既然不可能没有过错，不可能完全做好事，那么人们应该放弃努力，不去积极做好事吗？请想想看，努力做好事对自己及社会有什么意义？

三、菜贩陈树菊因为善心助人而广被称赞。俗语说："为善不欲人知。"请想想看，默默行善和宣扬好人善行这两种情况有没有矛盾？

引导作文

一个平常的人，即使努力做好事，也偶尔可能有坏念头出现。社会再怎么安定和谐，也难以避免偶尔有坏人出现。如果这个社会只有好人，或是只有坏人，可能会发生哪些事？请以"如果社会上只有好人"或是"如果社会上只有坏人"为题，发挥你的想象力，描写一个只有好人或是只有坏人的社会景况。

谈修养二：吃甜的不妨掺点盐，煮咸的可以加些糖

（一）楷书须如文人，草书须如名将，行书介乎二者之间，如羊叔子①缓带轻裘②，正是佳处。

（二）少年人须有老成③之识见，老成人须有少年之襟怀。

（三）养花胆瓶④，其式之高低大小，须与花相称；而色之浅深浓淡，又须与花相反。

（四）武人不苟⑤战，是为武中之文；文人不迂腐，是为文中之武。

---

① 羊叔子：羊祜，字叔子，晋朝人。
② 缓带轻裘：本指腰带宽大，皮衣轻软，引申作态度安闲从容的样子。
③ 老成：老练、沉稳。
④ 胆瓶：一种瓶颈细长而腹部大的花瓶，形状近似人胆，所以叫胆瓶。
⑤ 苟：随便、任意。

（五）作文之法：意之曲折者，宜写之以显浅之词；理之显浅者，宜运之以曲折之笔；题之熟者，参之以新奇之想；题之庸①者，深之以关系②之论；至于窘③者舒④之使长，缛⑤者删之使简，俚⑥者文⑦之使雅，闹⑧者摄⑨之使静，皆所谓裁制⑩也。

导读：用适当的佐料，调剂自己的人生

许多人认为，写字是文人的事，用兵则是武将的事，若要将两者联想在一起，非得绝佳的想象力不可。偏偏历史就是能将想象化为现实，最会写字的王羲之，刚好是一位将军。他曾经担任右军将军一职，后人称他"王右军"。

---

① 庸：平凡。
② 关系：有互相关系的事理。
③ 窘：浅显简短。
④ 舒：阐扬发挥。
⑤ 缛：细碎繁多。
⑥ 俚：粗俗浅近。
⑦ 文：修饰。
⑧ 闹：纷杂繁乱。
⑨ 摄：节制。
⑩ 裁制：斟酌剪裁。

将军的身份让王羲之或有意或无意地把行军打仗的要领带入了草书。行军打仗首重"奇"字，出其不意，才能克敌制胜。春秋时的宋襄公因为过度拘泥，非要等敌军渡河布阵以后才开打，因而吃了败仗，招来"迂腐"的骂名。写起草书来，要是也过度拘泥，横平竖直，一丝不苟，那就毫无趣味了。王羲之曾说，这种"状如算子"的字"便不是书"，根本就不算是书法。

　　草书以"奇"为上，楷书则以"正"为主。"楷"本来是一种树的名字。子贡曾在孔子的坟上种植楷树，楷树正直的树干，象征着孔子坚贞的人格，为后世所景仰。谨守法度是文士的本分，也是楷书的准则。谨守法度不等于不知变通。楷书名家如褚遂良、赵孟𫖯等，在写字时往往带着些"行书"的流畅意味，以免写来太呆板。

　　楷书要带着点行书的趣味，犹如文士可以带点侠气；草书可以掺一些行书的感觉，一如武将可以做些雅事。羊祜、周瑜等儒将，在战阵中也写写诗，弹弹琴，这些雅事虽无助于杀敌，但也能藉此抒解面对战争时的巨大心理压力，又岂能视为无用之物呢？在繁忙的现代，不妨以文学、艺术等调剂心灵。

作家哲也说他的人生有三道光："漫画、电影、摇滚乐。"或许就是这三道光，让他的文字变得有节奏，变得有画面。那么，其他人靠着接触这三样事物，就能变成一位优秀作家了吗？却也未必，每个人适合或欠缺的特质不同，没有人能够复制他人的成功。

传统的八字算命用金、木、水、火、土这五种基本材料解释人们的命运。这五种材料显现出五项不同特质。这五项特质并非完全平衡，于是，金太少的要补些金，火太盛的要减些火。这种算命方式的准确性不得而知，但是这种追求平衡的概念却值得参考。正所谓"过犹不及"，在许多情况下，太多或太少都不是好事，总是要平衡才好，这就是儒家所强调的"中庸"。

延伸思考

一、《韩非子》记载，西门豹的个性急躁，所以他佩带着弹性差的熟牛皮（韦），藉此警惕自己做事要谨慎一些；董安的个性温吞，因此他佩带着弹性佳的弓弦（弦），藉此提醒自己做事要果断一点。你的个性属于何者？你认为应该如何调整自己才恰当？

二、个性相反的人可以当朋友，称之为"互补"；个性相近的人也可以当朋友，称之为"契合"。你的朋友中，以何种居多？请想想看，和这两种朋友相处，有什么不同的地方。

引导作文

改变自己要从认识自己开始。过去的人以十二种动物来阐释命运与性格，称为"十二生肖"。除了生肖所属的动物以外，你认为哪一种动物最适合用来形容你的个性，这种动物有什么优点及缺点？怎么样让这种动物表现得更好？请以"我心中的那头动物"为题，论述自己的个性及改进之道。

谈修养三：想要就别假装不要

原 文

（一）文人每好鄙薄[1]富人，然于诗文之佳者，又往往以金玉、珠玑、锦绣誉[2]之，则又何也？

（二）高语[3]山林者，辄不善谈市朝[4]。事审[5]若此，则当并废《史》、《汉》诸书而不读矣。盖[6]诸书所载者，皆古之市朝也。

（三）万事可忘，难忘者名心一段；千般易淡，未淡者美酒三杯。

（四）富贵而劳悴[7]，不若安闲之贫贱；贫贱而骄傲，不若谦恭之富贵。

---

① 鄙薄：鄙视、轻视。
② 誉：称赞。
③ 高语：空泛地谈论。
④ 市朝：闹市及朝廷，此泛指经济、政治等方面的学问。
⑤ 审：确实。
⑥ 盖：因为。
⑦ 劳悴：疲劳憔悴。

（五）厌催租①之败意②，亟③宜④早早完粮⑤；喜老衲⑥之谈禅，难免常常布施⑦。

（六）妾美不如妻贤，钱多不如境顺⑧。

（七）为浊富⑨不若⑩为清贫⑪，以忧生不若以乐死。

 ## 导读：学会理财，而且越早越好

很多人明明喜欢钱，却又怕人知道。魏晋时代，有个名叫祖约的人。他很爱钱，常常花很多时间清点自己的财物。有

---

① 催租：催缴租金或税金。
② 败意：败坏兴致。
③ 亟：音jí。赶紧。
④ 宜：应该。
⑤ 完粮：交税。
⑥ 老衲：老和尚。
⑦ 布施：施舍财物。
⑧ 境顺：环境顺遂。
⑨ 浊富：用不正当的手段致富。
⑩ 不若：不如、比不上。
⑪ 清贫：清白而贫穷。

一次，他沉迷在数钱的快乐之中，忘了自己与他人有约。当客人进门时，他的钱还没数完，就赶忙把钱藏在背后，却不知道对方早把他的一举一动看在眼里。事后，这件事传了开来，世人都因此瞧不起祖约这个人。当时另外有个喜欢收集鞋子的阮孚，客人来访时，他毫不隐瞒自己的喜好，反而赢得了其他人的肯定。

有人说："金钱是万恶之源。"事实上，"贪财才是万恶之源。"贪财意味着以金钱为最高价值，以赚钱为唯一目的。因为贪财，才会不择手段，大赚黑心钱。

金钱，可以用来买书学琴，也可以用来行善助人。有一回，尧到华州巡视，华州的地方官祝福他："希望陛下既长寿，又有钱，而且还多子多孙。"尧连忙推辞说："不敢！这些事都会让人产生困扰，还是算了。"华州的地方官说："怎么会呢？长寿的话，就顺应时势而活；有钱的话，就把财富分给别人；多子多孙的话，就让他们多做一点事，多替社会奉献一些力量。这么一来，又有什么好困扰的呢？"

人不可以靠不正当的手段赚钱，也不可以安于贫贱而不思进取。历史上，颜渊和陶渊明的安贫乐道都是乱世使然。在那样的乱世中，与其违背良心，他们宁可过着贫贱的生活，这是真正的清高。然而为了表示清高，而假装不把钱当一回事，想来便是大可不必。

俗话说："君子爱财，取之有道。"钱财不仅应该"取之有道"，也应该"理之有道"、"用之有道"。现代的观念越来越倾向于及早培养孩子的理财观念，不管他们手头有没有钱，有多少钱，都该让他们学会管理自己所拥有的资源，并有意义地运用。或许有人会说："这么早让孩子向金钱看齐，好吗？"理财不是向金钱看齐，理财只是让他们完成日后梦想的一层台阶。许多父母明明期盼子女日后能够赚大钱，却不愿他们太早接触金钱，正如想学游泳却不下水一样，不是很矛盾吗？

南宋词人辛弃疾有一首《西江月》："早趁催科了纳，更量出入收支。乃翁依旧管些儿：管竹管山管水。""催科了纳"指的是交租交税的问题，和金钱的出入收支有关。在追求山水田园的闲适生活之余，词人也得先处理好金钱的问题。谁说清高的雅士就不需理财呢？

延伸思考

一、有人说："钱不是万能的。"请想想看，生活中有哪些事物是金钱买不到的?

二、有人说:"没有钱是万万不能的。"请想想看,生活中有哪些事物是不用金钱就可以得到的?

三、如果你中了奖,得到一大笔钱。人家问你想要做些什么事,你会怎么回答?

引导作文

马克·吐温曾经说过:"如果懂得使用金钱,那么你是它的主人;如果不懂得使用金钱,那么它是你的主人。"金钱的价值无需强调,但是许多人却不懂得如何使金钱发挥更高的价值。请以"善用手中的金钱"为题,论述使用金钱的正确态度与方法。

谈天理

谈天理一：人间到底还是有秋天

（一）春者，天之本怀①；秋者，天之别调②。

（二）春雨如恩诏③，夏雨如赦书④，秋雨如挽歌⑤。

（三）诗文之体得秋气⑥为佳，词曲之体得春气⑦为佳。

（四）躬耕⑧吾所不能，学灌园⑨而已矣；樵薪吾所不
能，学薙草⑩而已矣。

---

① 本怀：原本的心意。
② 别调：另外的想法。
③ 恩诏：降恩的诏书。
④ 赦书：赦罪的诏书。
⑤ 挽歌：哀悼死者的歌声。
⑥ 秋气：萧瑟肃杀的气氛。此指诗文的批评作用而言。
⑦ 春气：万物生长的活力。此指词曲的抒情作用而言。
⑧ 躬耕：亲自耕作。
⑨ 灌园：指栽花、植草、种菜等工作。
⑩ 薙草：除草。薙，音tì。割除。

（五）律己宜带秋气，处世宜带春气。

（六）耻之一字，所以治君子；痛之一字，所以治小人。

（七）镜与水之影，所受者也；日与灯之影，所施者也。月之有影，则在天者为受，而在地者为施也。

（八）五色①有太过，有不及，惟黑与白无太过。

 ## 导读：让他生，为什么还要让他死

古人认为，天地间存在着"生"与"杀"两股力量。"生"的力量在春天彰显，所以春天时花草萌芽；"杀"的力量在秋天展现，所以秋天时树叶凋零。有人对此感到不平，认为生命如此美好，天地既然给了万物生命，为什么又要夺走它？在这样的情绪中，不死的渴望油然而生。

有一回，齐景公在牛山游玩时，忍不住叹息："人为什

我在台湾教語文：教孩子拥抱世界的《幽梦影》

---

① 五色：古人以青、赤、黄、白、黑为五色，此处指各种颜色。

么要死？"晏子大笑着说："如果人不会死，那么，古代的贤
人到现在都还活着，哪里轮得到你来当国君呢？"齐景公到
底还是死了，晏子也死了，就连苦苦追求长生不死药的秦始
皇、汉武帝也死了。晏子的笑声彷佛在天地间回荡着："没有
人可以不死！"

"生"与"杀"是大自然用以维系生态秩序的重要力
量。多年前，英国人将兔子引进澳洲。由于澳洲没有兔子的天
敌，所以兔子越生越多，开始大量繁殖。有"生"无"杀"造
成了生态的失衡，越来越多的兔子成了澳洲人的噩梦。天地的
"杀"不是残忍，而是为了让"生"得到平衡。

"生"与"杀"的力量运用在人世，就是"德"与
"刑"的措施。"德"的力量极为强大，它能够使人在不知
不觉中改过向善。虽然如此，有"德"无"刑"却是行不通
的。郑国大夫大叔用"德"来统治人民，完全不用"刑"，结
果郑国的犯罪率立刻飙高，人民反而因此受到更大的痛苦。孔
子评论这件事说："宽以济猛，猛以济宽，政是以和。"意思
是说，宽大和刚猛应该要互相调和，才能使政治安定。

近代人权主义兴起，连受刑者的人权也逐渐受到重视。

挪威因为重视受刑者的人权，所以在囚房里安装电视、冰箱等。舒适的囚房简直可以和五星级饭店媲美。此外，奥地利也有豪华的监狱，有人甚至不惜犯罪，只为了能住进监狱。

监狱的存在本是为了维持社会的秩序，没想到却因此提高了犯罪率，这样的结果看在谨守道德的人眼中，显得格外讽刺。既然重视人权，那么，根本就不要剥夺受刑者的自由人权，直接废除监狱，岂不是更好？然而，再愚笨的人也知道这是不可行的。

如果走在路上，坐在家里，都要担心被偷、被抢、被杀，就没有人权可言。换言之，社会和谐，才能保障多数人的人权。刑罚是为了维持社会的和谐而存在的，社会不和谐，就等于处罚所有人，岂不是更没有道理？

再从个人来看"处罚"这件事。做错了事，遭到了处罚，心里该想的是："幸好这次的处罚是我所能承担的。"有些年轻人因为无照驾驶而被警察抓，不高兴当然是难免的，但若是出了车祸，只怕后悔也来不及了。真的到了那个时候，不知道他会不会想："为什么当初警察不抓我？爸爸不骂我……"

延伸思考

一、近年来，社会上持续讨论废除死刑的问题，此外又有人主张加重刑罚以遏止犯罪。依你的观点，比较同意哪一种主张？这两种主张是否有调和的可能？

二、法治不能只有赏而没有罚，教育也是。你认为把"赏"与"罚"的观念应用在教育上，有什么是需要注意的事？

三、赞美能带给人们信心，批评可以使人进步。人们需要赞美，也需要批评。请想想看，要用什么态度去面对赞美？又要用什么态度去面对批评？

引导作文

落叶纷纷可以为新生的嫩芽提供养分，一颗小小的种子能够长成一棵足以庇荫许多人的大树。生命循环不已，而生命的力量总令人感动。请试以"生命的力量"为题，论述个人应该如何面对自己有限的生命及如何发挥生命的价值。

谈天理二：有一好，没两好

原文

（一）雨之为物，能令昼短，能令夜长。

（二）吾欲致书①雨师②：春雨宜始于上元节③后（观灯已毕），至清明十日之内（雨止桃开），及谷雨节中④；夏雨宜于每月上弦之前，及下弦之后（免碍于月）；秋雨宜于孟秋⑤、季秋⑥之上下二旬⑦（八月为玩月胜境）；至若三冬，正可不必雨也。

（三）一岁诸节；以上元为第一，中秋次之，五日⑧、九日⑨又次之。

----

① 致书：送信。
② 雨师：雨神。
③ 上元节：即元宵节。
④ 谷雨节中：指谷雨的节气间。
⑤ 孟秋：初秋，农历七月。
⑥ 季秋：晚秋，农历九月。
⑦ 旬：十日为一旬。
⑧ 五日：指端午节。
⑨ 九日：指重阳节。

（四）值太平世，生湖山郡，官长廉静，家道优裕，娶妇贤淑，生子聪慧。人生如此，可云全福。

（五）十岁为神童，二十、三十为才子，四十、五十为名臣，六十为神仙，可谓全人矣。

（六）假使梦能自主，虽千里无难命驾①，可不羡长房之缩地②；死者可以晤对，可不需少君③之招魂；五岳可以卧游④，可不俟⑤婚嫁之尽毕⑥。

（七）天极不难做，只须生仁人、君子、有才德者二三十人足矣。君一、相一、冢宰⑦一，及诸路总制抚军⑧是也。

---

① 命驾：原指命令车夫驾车，此指拜访。
② 长房之缩地：相传东汉的费长房懂得缩地的法术，可以随意到达遥远的地方。
③ 少君：汉武帝时的方士。
④ 卧游：原指凭想象到处游玩，此指躺着就能游历天下。
⑤ 俟：等。
⑥ 婚嫁之尽毕：指儿女都已经嫁娶完毕。
⑦ 冢宰：古官名。此指吏部尚书。冢，音zhǒng。
⑧ 诸路总制抚军：指地方首长。路，宋元时行政区域名。总制，总督。抚军，巡抚。

导读：实现所有愿望的"王牌天神"

　　在民间信仰中，土地公是最具有亲和力的神祇之一。举凡工作、钱财、婚姻、子嗣等大事小事，人们都会上庙里向他祈求。有一个故事是这么说的：有一个旅人向土地公许愿："这几天我要出远门，拜托不要下雨。"过了没多久，一位农夫也来向土地公许愿："田里的稻子快干死了，这几天拜托一定要赶快下雨。"听了两人的祈求，土地公暗自嘀咕，答应了旅人，农人可怎么办？帮忙了农人，旅人又该怎么办？这时，他的妻子土地婆出了一个主意："那么，早上不下雨，让旅人路途顺利。晚上下雨，让稻子得到滋润。"

　　土地婆的建议虽佳，幸好没遇到晚上才出门的旅人，不然，恐怕还是解决不了问题。其实，就算神明能够满足每个人的愿望，也不见得是件好事。西方有部电影《王牌天神》，电影里的男主角暂时代理上帝的工作，负责倾听每个人的祈祷。不料，他竟然一口气同意了所有人的祈求，让许多人幸运的中了奖券。结果，因为中奖的人太多，彩金不够分配，所以酿成大暴动。

人世间的事极不容易让每个人都满意，这是因为每个人的立场都不相同，帮了一群人，可能就害了另一群人。政治措施尤其如此。商朝君主盘庚打算迁都到殷地，引发了许多百姓的反对，因为那些人们不愿意抛弃自家产业，远走他方。盘庚权衡轻重，认为迁都到安全的地方才能让百姓的生命财产得到保障，于是他不顾反对的意见，坚持迁都，最终使商朝走向繁荣。

　　反对迁都的人民并不是反对让商朝走向繁荣，他们只是不知道迁都的好处。盘庚发布公告，说明自己的做法，从而使反对的声音降到最低。盘庚的做法很可以作为后世的参考。

　　人们往往不知道自己真正需要的是什么。许多人只注意到眼前的利益，却没注意到获取利益时必须付出的代价。外国电影《绿色奇迹》中，男主角因为特殊的机缘而获得世人梦寐以求的长寿，却只能痛苦地看着身边的人一个个先他而去。对他而言，长寿不是好事，反而是噩梦。香港有一首老歌《事事未满足》："落到地狱就想做阎王，做了阎王又怕孤独。"正所谓"高处不胜寒"，古代的帝王拥有了天底下最高的权势与富贵，却往往以"孤"、"寡"自称，这不仅仅是谦词，恐怕也是他们心里最深沉的感受。

闽南语有一句谚语："有一好，没两好。"世上没有绝对完美圆满的事，既然如此，学习面对生命中的不圆满，其实是每个人必须要面对的课题。

延伸思考

一、如果能够让你实现一个愿望，你最希望实现哪一个愿望？这个愿望实现以后会让你有哪些改变？

二、"父子骑驴"是一个古老的寓言故事：父亲骑在驴子上就被说成不照顾儿子，儿子骑在驴子上就被说成不孝顺父亲，父亲和儿子一起骑在驴子上就被说成不爱护动物，父亲和儿子都不骑驴子就被说成不懂得利用资源。如果是你，你会怎么做？为什么？

引导作文

人们都有想做的事，这个时候就有"希望"。人们也可能面对不如意的情况，这个时候就会"失望"。有些人因为害怕"失望"，所以不敢抱持"希望"。你认同这种想法吗？还是你有更好的见解？请以"从希望到失望"为题，论述你对二者的看法。

谈天理三：把东西放好，别让它掉下去

原文

（一）臭腐化为神奇，酱也、腐乳①也、金汁②也，至神奇化为臭腐，则是物皆然。

（二）掷升官图③，所重在德，所忌在赃，何一登仕版④，辄与之相反耶？

（三）"贫而无谄，富而无骄"⑤，古人之所贤也；贫而无骄，富而无谄，今人之所少也。足以知世风之降矣。

（四）唐虞之际，音乐可感鸟兽⑥，此盖唐虞之兽，故可

---

① 腐乳：或称"豆腐乳"，一种由黄豆加工而成的食品。
② 金汁：一种由粪便制成的中药。
③ 升官图：赌博游戏的一种。
④ 仕版：此指官场。
⑤ 贫而无谄，富而无骄：虽然贫穷却不会巴结逢迎，虽然富贵却不会妄自尊大。语出《论语·学而》。
⑥ 音乐可感鸟兽：《尚书》中为了强调音乐感人，有"百兽率舞"、"凤凰来仪"等说法。

感耳。若后世之兽，恐未必然。

（六）水为至污之所会归[1]，火为至污之所不到。若变不洁为至洁，则水火皆然。

（五）《水浒传》，武松诘[2]蒋门神云："为何不姓李？"此语殊妙。盖姓实有佳有劣：如华、如柳、如云、如苏、如乔，皆极风韵。若夫毛也、赖也、焦也、牛也，则皆尘于目而棘于耳[3]者也。

（六）物之稚[4]者，皆不可厌，惟驴独否。

 ## 导读：道德不值钱，但是很重要

朝代没有不灭亡的，就像人没有不死的。问题是，有人横

---

① 会归：聚集。
② 诘：音jié。质问。
③ 尘于目而棘于耳：指不好看又不好听。尘，染污。棘，刺。
④ 稚：音zhì。幼小。

死街头，有人寿终正寝，这中间的差别，就不可以道里计了。

历史上，秦朝就有点像横死街头的朝代。春秋战国时的秦国，采用法家那一套富国强兵的道理，国家一下子像打了生长激素似的迅速强大了起来。其实不只是秦国，齐、楚、燕、韩、赵、魏等六国，也都争着打生长激素，只是效果没秦国好就是了。历史，这位买主似乎一直拿不定主意该选哪家黑心货，春秋战国就这么乱着。

历史到底还是选了秦国这个看起来比较肥的，但结果就是秦朝在十五年以后暴毙。朝代的兴衰问题可以从市场买菜的角度理解。凭良心种的有机蔬菜，通常没有喷农药的好看，若是加上漂白等人工处理，卖相就更好了。问题是吃下去对健康会有很大的影响。

有些商人会说，经过处理的东西比较好卖啊！这就提到了孟子所谈的"义"和"利"的问题。好不好卖是"利"的问题，而卖的东西会不会害人则是"义"的问题，也就是道德问题。

像汉朝、唐朝、宋朝这些比较强盛的朝代，无不重视道德问题，所以汉朝独尊儒术，唐朝推崇《孝经》，宋朝提倡理学。各个朝代重视的角度固然有所不同，但都不会像曹操那样发表《举贤勿拘品行令》，公然表示不必理会道德问题。后来，在很长的一段时间里，世人对曹操的评价都很差，大概和他的这一举措不无关系。

俗语说："人无横财不富，马无夜料不肥。"靠不正当的手段挣钱，似乎比较容易。问题是，社会上完全不需要这类黑心商人。一旦人们把财富的价值放于道德之上，无形地就是在鼓励这类黑心商人，使他们认为，只要赚够了钱，就能赢得尊敬，有没有道德又算得了什么呢?

"彼窃钩者诛，窃国者为诸侯；诸侯之门而仁义存焉。"这是庄子笔下的乱世。在乱世之中，犯些小错就会被处罚，但若是靠不正当的手段，得到了权势财富，别人反而会大加称赞。在太平盛世中，人们只会尊敬那些靠着正当手段升官发财的人；在乱世中，人们则是只看地位，不问手段。社会应该走盛世的路，而不是走乱世的路。

道德的价值不是用钱来衡量的，可是，钱的价值却可以用道德来评估。简单来说，靠着不道德而赚来的钱，一点价值也没有。

延伸思考

一、工作时要本着良心，这就是所谓的"职业道德"。你认为在现今的社会上，职业道德这个观念有什么重要性？

二、有个寓言故事说，有一个人把中了奖的彩券绑在赖以维生的扁担上。过了一会儿，又因为嫌扁担碍事而把它丢到水中，却忘了彩券还在上头。如果把彩券比喻成赚大钱，你认为哪一项道德最有资格被比喻成扁担？为什么？

引导作文

道德其实不是什么遥不可及的境界，只是在做人做事上应该遵守的大原则而已。古代和现代的风俗文化不同，做人做事的原则自然会有差异，但是有些道德原则是不变的。请以"传统文化中的新道德"为题，论述你对道德的看法。

谈天理四：拜拜就是求个心安

（一）孔子生于东鲁，东者生方，故礼乐文章，其道皆自无而有；释迦生于西方，西者死地，故受想行识，其教皆自有而无。

（二）由戒得定，由定得慧，勉强渐近，自然炼精化气，炼气化神，清虚有何渣滓？

（三）予尝谓二氏不可废，非袭夫大养济院①之陈言②也。盖名山胜境，我辈每思褰裳③就之，使非琳宫梵刹④，则倦时无可驻足，饥时谁与授餐？忽有疾风暴雨，五大夫⑤果真

---

① 大养济院：明代陈继儒称佛教为大养济院，意指收容救助贫困孤苦人民的地方。
② 陈言：旧说。
③ 褰裳：拉起衣襟的下摆。褰，音qiān。提起。
④ 琳宫梵刹：琳宫，道观。梵刹，佛寺。
⑤ 五大夫：指松树。传说秦始皇曾经因雨而躲在松树下，为了表示感谢，封松树为五大夫。

足恃乎？又或邱壑深邃，非一日可了①，岂能露宿②以待明日乎？虎豹蛇虺③，能保其不人患乎？又或为士大夫所有，果能不问主人，任我之登陟④凭吊而莫之禁乎？不特⑤此也，甲之所有，乙思起而夺之，是启争端也。祖父之所创建，子孙贫，力不能修葺⑥，其倾颓之状，反足令山川减色矣。然此特就名山胜境之耳，即城市之内，与夫四达之衢⑦，亦不可少此一种。客游可作居停⑧，一也；长途可以稍憩⑨，二也；夏之茗，冬之姜汤，复可以济⑩役夫负戴之困，三也。凡此皆就事理而言之，非二氏福报之说也。

 ## 导读：把心拿过来

　　一提到反对佛教的名人，许多人就会想到写《谏迎佛骨

---

① 了：结束。
② 露宿：露天过夜。
③ 虺：音huǐ。毒蛇。
④ 陟：音zhì。登山。
⑤ 特：只。
⑥ 修葺：修理、整理。葺，音qì。
⑦ 四达之衢：指交通要道。衢，音qú。大路。
⑧ 居停：寄住或歇脚的地方。
⑨ 憩：音qì。休息。
⑩ 济：救助。

表》的韩愈。他是儒家的信徒，反对外来佛教的立场十分鲜明。公元八一九年，他听到唐宪宗打算迎接佛陀遗骨进京供养，于是上了一道劝阻的奏章，也就是《谏迎佛骨表》。

有些人会认为，唐宪宗有他的信仰自由，韩愈何必干预？更何况，当时的人对宗教的态度比较宽容，即使贵为皇帝，也很少阻止百姓信仰不同的宗教。问题是，"上有所好，下必甚焉"，皇帝既然重视佛教，为了表示忠心耿耿，百官万民当然要更加虔诚才行。

虔诚没办法量化，但是香油钱可以。建筑寺庙、塑造佛像、供养和尚，钱自然是不可以少的。唐宪宗迎接佛骨的盛大排场已经做了示范，大家当然要比照办理。总之，花越多钱，就代表越虔诚。世上的神棍者流，最喜欢的就是这种心态。

唐宪宗迎接佛骨的排场极大。唐宪宗用肤浅的金钱物质来显示自己的虔诚之心，真的就是崇敬佛吗？其实不是。过度礼佛不仅不能让更多人感受到宗教带来的幸福感，反而大大增加了百姓们的负担，使人们感受到更多的痛苦。如此将佛陷于不义，其实是有违佛心的做法。

韩愈就是这么一位有良心的官员，更重要的是他看出唐宪宗的私心。唐宪宗对佛教采取的是一种贿赂的心理。他拿钱出来给佛教，佛陀理应保佑他事事如意，长命百岁。韩愈可能不是很懂佛教的道理，但是他也看得出唐宪宗迷信心理的不当，于是他举出梁武帝的例子，说他虽然信佛，却还是活活饿死。

　　这个例子贴切地刺中唐宪宗的痛处。唐宪宗若是肯正视韩愈的意见，说不定会对佛理有更深层的思索。毕竟，禅宗的达摩大师就曾经说过，梁武帝的造寺铸佛"并无功德"。达摩大师的话有其更深的涵义存在，不能只从字面的意思去了解，然而，即使是只看字面意思，也知道佛教的道理并不是像唐宪宗所想的那么肤浅。

　　佛教、儒家，乃至世上许多其他的宗教，都很重视"心"的问题。许多宗教及哲学认为，心灵的安顿比物质的享受更重要。在现代的社会中，不乏唐宪宗这类想以金钱"贿赂"宗教的人，不管他们打算"贿赂"的宗教是什么，其实都该想想达摩大师对他的徒弟所说的这句话："将心来，与汝安。"——把心拿过来，我替你把它安顿好。

延伸思考

一、你有宗教信仰吗？有的话，你信仰宗教的理由是什么？没有的话，你不信宗教的理由又是什么？

二、当你觉得心中不安、无所适从的时候，你会怎么做？当你这么做了以后，不安有没有减少或消失？

三、社会上曾发生过多次神棍骗财骗色的案件，你认为怎么样才可以避免受害？

引导作文

有位宗教界人士说，宁可没有信仰，也不能迷信。失去理性地崇拜某种事物，就是迷信。迷信不限于宗教，也可能是迷信科学，迷信权威……请以"理性与迷信"为题，详细论述理性和迷信之间的不同。

谈艺术

谈艺术一：留存美丽的回忆

原文

（一）古之不传于今者，啸①也，剑术也，弹棋②也，打球也。

（二）斗方③止④三种可存：佳诗文一也，新题目二也，精款式三也。

（三）观手中便面⑤，足以知其人之雅俗，足以识其人之交游。

---

① 啸：撮口长呼。
② 弹棋：一种古代的游戏。两个人各持数枚棋子，分别弹击对方的棋子，弹中就可取走棋子。先取完对方棋子的人获胜。
③ 斗方：书法作品形式之一，长宽大约相等。
④ 止：通"只"。
⑤ 便面：指折扇或团扇等。

（四）如何是独乐乐？曰鼓琴；如何是与人乐乐？曰弈棋；如何是众乐乐？曰马吊①。

（五）我不知我之生前，当春秋之季，曾一识西施否？当典午②之时，曾一看卫玠③否？当义熙之世，曾一醉渊明否？当天宝之代，曾一睹太真否？当元丰之朝，曾一晤东坡否？千古之上，相思者不止此数人，而此数人则其尤甚者，故姑举之，以概其余也。

（六）我又不知在隆万④时，曾于旧院中交几名妓？眉公⑤、伯虎⑥、若士⑦、赤水⑧诸君，曾共我谈笑几回？茫茫宇宙，我今当向谁问之耶？

---

① 马吊：盛行于明末的牌戏。
② 典午：指晋朝。
③ 卫玠：晋朝美男子，只要一出门，就会引来众人围观，后来病死，人们都说他是被"看死"的。
④ 隆万：明朝隆庆和万历年间。
⑤ 眉公：指陈继儒。明代文学家，擅长书法、绘画。
⑥ 伯虎：指唐寅，明代文学家，擅长书法、绘画。
⑦ 若士：指汤显祖，明代戏曲家，编有《牡丹亭》等剧。
⑧ 赤水：指屠隆，明代文学家、戏曲家。

导读：别让好东西失传

　　武侠片里的侠客大多佩剑，好像不如此就不足以显示他们的潇洒帅气。事实上，就武术实用价值而言，剑早已被刀所取代。武术界有句话说："百日刀，千日枪，万日剑。"意思是说，一百天就可以学会刀的使用方法，一千日就可以学会枪的使用方法，可是要一万天才可以学会剑的使用方法。近战学会了刀，远战学会了枪，还有多少人耐烦学那难练难精的剑呢？

　　明朝末年，有一位武术家名为吴殳。他自负武功高强，却败在渔阳老人的剑下。渔阳老人把剑术传给了他，并告诉他："此技世已久绝。"换言之，真正高明的剑术早在明朝末年就已经失传大半了。吴殳为了留下这门技艺，于是把他所学的剑术，记录在他所撰写的著作《手臂录》中。由于《手臂录》流传至今，后人才可以从前人的书中窥见古人高妙剑术的一二。

　　除了剑术以外，"啸"也是一门失传的技艺。魏晋时的阮籍以"啸"这门技艺闻名。据说他的"啸"能够传到远处，"声闻数百步"。有些学者研究后，认为"啸"的技艺近于现在的"吹口哨",但是仍有疑义,至今没有共识。后人只能从文字的纪录中,想见前辈高人的风采。

凡是能带给别人感动的,都是好东西。即使时过境迁,曾经有过的感动也值得珍藏。人生如此,历史也是如此。

台湾文学家洪醒夫曾写过一篇小说《散戏》。小说中的主角秀洁是一位歌仔戏演员,她因为另一位演员阿旺嫂赖掉了一场戏而大发雷霆。在争执过程中,她与团长发现,彼此不得不正视观众越来越少的问题,团长也终于下决心解散剧团,各奔前程。

小说的背景在一九七十年代中期,那时歌仔戏正由兴盛走向没落。小说中的窘境正是当时许多歌仔戏团面对的实况。所幸,歌仔戏及时走入电视等传播媒体,再度发扬光大。后来更走上各种大型舞台,凭着它独特的魅力,感动了无数的观众。

时代的变化极其迅速,美好的传统未必能够赶上时代的变化,然而,这并不代表它们就该被时代所淘汰。花些心思,留住那些美好的传统,有朝一日,或许就能重拾那些美好的回忆,或是赋与它们全新的价值。艺术如此,文学也是如此。

延伸思考

一、在物质条件还未十分发达的年代，就有许多人发挥想象力，设计出各式各样的玩具。你知道哪些古老的玩具？除了亲自体验传统玩具的趣味外，你是不是也能发挥想象力，设计新的玩具，或是发明全新的玩法呢？

二、书法被视为传统艺术之一。有些人认为它已是过时的东西，应该加以淘汰。有些国家，如日本、韩国等，却因为它的艺术表现方式极为特殊，有心加以推广。请想想看，你应该用什么样的态度去面对书法等传统艺术呢？

引导作文

古代的教育家孔子十分重视传统，他认为传统必须加以守护，所以他"述而不作"，强调继承传统的重要性。哲学家韩非子非常重视创新，他说了一个"守株待兔"的寓言，认为固守传统就像守在树下等兔子自投罗网一样愚昧。

试以"传统与创新"为题，说明传统与创新各有什么样的价值，并进一步探究如何调和二者之间的关系。

谈艺术二：傻子? 疯子? 艺术家!

 原 文

（一）花不可以无蝶，山不可以无泉，石不可以无苔，水不可以无藻①，乔木②不可以无藤萝③，人不可以无癖。

（二）情必近于痴而始真，才必兼乎趣而始化。

（三）曰痴、曰愚、曰拙、曰狂，皆非好字面，而人每乐居之；曰奸、曰黠④、曰强、曰佞⑤，反是⑥，而人每不乐居之。何也？

---

① 藻：水草名。
② 乔木：高大的树木。
③ 藤萝：指蔓生类植物。
④ 黠：音xiá。狡猾。
⑤ 佞：音nìng。原指口才好，后指花言巧语。
⑥ 反是：然而、不过。

导读：花了三年写两句诗

日本小说家山崎丰子的作品《白色巨塔》因为披露医界内幕及剖析黑暗人性而获得极大的回响，该部小说曾多次改编成电视剧。除了《白色巨塔》外，山崎丰子也有不少作品因为受到关注而被改拍为戏剧，如《华丽一族》、《不毛地带》等。山崎丰子曾自述创作的心路历程，她认为自己有一种"调查癖"，无论遇到什么问题，总要查个水落石出才甘心，有时为了调查真相，甚至把创作一事抛到脑后。

山崎丰子的作品之所以成功，和她对调查真相的执著有着密不可分的关系。由于她一丝不苟的执著，使得作品更加深刻而生动。在中外的历史上，在创作上有着无比执著的人并不只有山崎丰子一人。

唐代诗人贾岛以"苦吟"著称，他曾经花了三年的时间，写下两句诗，并因而激动地说："两句三年得，一吟双泪流。"他也曾经为了一句诗应该用"推"字或是"敲"字，而冲撞了大官的车驾。幸好那位大官恰是大诗人韩愈，这才留下了"推敲"一词的佳话，换成其他心眼小的官吏，贾岛的命运可就难以预料了。

除了贾岛之外，另一位诗人李贺对创作的执著也令人咋舌。他经常骑着驴外出找灵感，一有灵感就写下来丢进袋子里，再花一整夜的时间整理作品。他执著到连母亲都看不下去，屡屡劝阻。后来他不到三十岁就英年早逝了，有人认为他是因为创作而耗尽了精神。不过，也有人认为他本就体弱，因为想在有限的生命中燃烧出耀眼的光芒，所以才会如此执著。

写小说的人有写小说的执著，写诗的人有写诗的执著，写书法的人也有写书法的执著。东汉时有位文人赵壹曾经描述过当时书法家对写字的执著。他说，那些书法家衣服的领子、袖子，乃至嘴唇、牙齿全是黑的，他们聚在一起时，也没有心思聊天，只顾着在地上、墙上画字，就算破皮流血，也不肯罢休。

赵壹的说法应该没有夸大，比起把池水染黑的张芝，或是日写三万字的康里子山，东汉那些书法家对书法的痴迷程度，只怕尚有不及。据说唐代书法家欧阳询曾经为了仔细欣赏路旁一块石碑上的字，因而在石碑下风餐露宿了三天。

对某件事物的过度执著被称为"癖"。若依凡事不宜过度的角度来看，"癖"似乎不是件好事，然而，艺术有时和理智是对立的关系。若是那些文学家或艺术家不是那么执著，或许就不会得到极高的成就，也不会为后世留下许多有趣的佳话了，不是吗？

延伸思考

一、每个人或多或少都有自己特别喜爱的事物，也就是所谓的"癖"。有些"癖"无伤大雅，有些"癖"会妨碍正事，有些"癖"则可能会影响到他人的权益。请想想看，你有哪些特殊的癖好？哪些癖好值得全心投入？哪些癖好应该压抑甚至戒除？

二、许多人认为天才和疯子只有一线之隔。画家达利说："我和疯子的唯一差别在于我没有疯。"事实上，许多艺术家因为对艺术过于痴迷而被视为疯子。请想想看，我们应该用什么样的态度去看待那些被视为疯子的天才。

引导作文

《中庸》说："诚之者，择善而固执之者也。"意思是说，对于正确的事，就应该有所执著。试以"生命中的执著"为题，举例说明哪些事情应该全心投入，或是以自身经验为例，记叙自己曾有的坚持。

谈艺术三：没有艺术的话，做人就不够有趣了

原文

（一）昔人云："若无花月美人，不愿生此世界。"予益一语云："若无翰墨①棋酒，不必定作人身②。"

（二）蝶为才子之化身，花乃美人之别号。

（三）楼上看山，城头看雪，灯前看月，舟中看霞，月下看美人，另是一番情境。

（四）目不能识字，其闷尤过于盲；手不能执管③，其苦更甚于哑。

---

① 翰墨：指文章或书法。
② 人身：人的身体。
③ 执管：拿笔写字。执，拿、持。

（五）有青山方有绿水，水惟借色于山；有美酒便有佳诗，诗亦乞①灵于酒。

（六）文章是案头②之山水，山水是地上之文章。

（七）文章是有字句之锦绣③，锦绣是无字句之文章；两者同出于一原。姑即粗迹④论之，如金陵、如武林、如姑苏，书林⑤之所在，即机杼⑥之所在也。

（八）不得已而谀⑦之者，宁以口，毋以笔；不可耐而骂之者，亦宁以口，毋以笔。

（九）无益之施舍，莫过于斋僧⑧；无益之诗文，莫甚于祝寿。

---

① 乞：向人索讨。
② 案头：书桌上面。
③ 锦绣：美丽的丝织品。
④ 粗迹：大概的方面。
⑤ 书林：藏书很多的地方。
⑥ 机杼：织布机。杼，织布机上的梭子。
⑦ 谀：巴结奉承。
⑧ 斋僧：供养僧人。斋，舍饭给僧人或道士。

导读：虽然我不认识，可是我懂

　　近代美术史学家李霖灿先生在台北故宫博物院任职时，一位德国画家向他提出要求："我只能在这里待一个小时，请介绍一件最具有启发性的作品让我看。"李霖灿先生立刻请他看唐代书法家怀素的作品《自叙帖》。《自叙帖》是用草书写成的。笔划简省，笔势连贯，龙飞凤舞，参差错落，就连学过几年书法的人都不易辨认字形字义，更遑论那位不认识汉字的外国画家了。然而，那位画家却看得目不转睛，并且很有自信地说："我完全明白这位创作者的想法。"

　　跨越时间与空间的限制，让千年后的西方人了解千年前东方人的想法，这是艺术的力量。艺术用各种媒材、各种形式，存在于每个时代、每个地方。以雕塑而言，南太平洋的复活节岛有巨石像，远古的三星堆文化有青铜像，就连美国纽约也在一百多年前竖起了巨大的自由女神像。就绘画而言，有水墨画、有水彩画、有油画、有素描、有粉彩……此外，还有诗歌、建筑、舞蹈、摄影等艺术形式。直到现代，仍有人试着用电脑、食材、机器零件，甚至一般废弃物来开发新的艺术创作方式。

　　没有人知道艺术诞生的真正原因。虽然学者提出了许多说法，但是都没有决定性的证据或理由，无法证明该说法就是唯一的真理。且把解释留给学界，事实留给世人。事实是，就像人渴了会想喝水，饿了会想吃饭，艺术来自于人们对于"美"的渴求。

一般动物们也有审美的能力，所以孔雀以开屏来求偶，蝴蝶以舞姿来求偶，动物求偶的方式无非就是"力"与"美"两者。抛开前者不谈，能够以各种方式创作"美"的人类，真可说是得天独厚了。

佛教认为："人身难得。"从艺术的角度来看，确实如此。一般动物只有固定的毛皮，人类却有变化无穷的衣服；一般动物只有固定的叫声，人类却有歌声、语言、文字，可以用来歌诵天地间的大美。

食、衣、住是人类的物质需求，美则是人类的精神需求。先秦哲学家墨子主张反对音乐，因为音乐无法满足人们的物质需求。照这种逻辑推论下去，绘画、舞蹈、文学等似乎也都在废除之列，如此一来，人生就未免太过单调了，有多少人能忍受这种单调至极的生活方式呢？因此，墨子的这项主张招致了不符合人性的批评。理论毕竟只是理论，若有人用自己的人生去实践这种理论，每日里以赚钱为唯一目的，把自己活成枯燥的生产工具，那就太无趣了。

延伸思考

一、你曾经接触过哪一类艺术？你到过艺术的展览场所吗？在你的心目中，理想的艺术展览场所应该是怎么样的？

二、曾经的小学课本里有这么一段话："不能看的人是瞎子，不识字的也是瞎子。瞎子苦，不识字的也苦。"在今天，不识字的文盲已经大为减少，但是语文能力不好的人却仍有不少。你认为，语文能力不好会带来什么不方便？

三、世上有好作品，也有不好的作品。你觉得不好的作品有没有价值？如果没有，理由为何？如果有，它的价值在哪里？

引导作文

美在哪里？也许在皎洁的月光里，也许在婆娑的树影里，也许在灿烂的花丛里，也许在屋里，也许在屋外，也许在书里，也许在画里……美，到处都是，只要肯去找，就不怕找不到。请以"找'美'"为题，以实例描述自己寻找"美"的经过，并说出自己找到了哪些美。

谈艺术四：把生活变成艺术

 原文

（一）人须求可入诗，物须求可入画[1]。

（二）方外[2]不必戒酒，但须戒俗；红裙[3]不必通文[4]，但须得趣。

（三）秋虫春鸟，尚能调声[5]弄舌[6]，时吐好音。我辈搦管拈毫[7]，岂可甘作鸦鸣牛喘？

（四）春雨宜读书，夏雨宜弈棋[8]，秋雨宜检藏[9]，冬雨宜饮酒。

---

① 入画：进入画中，形容景物优美宜人。
② 方外：指僧人、道士等在世俗之外修行的人。
③ 红裙：指年轻女子。
④ 通文：饱读诗书，有学问。
⑤ 调声：犹指唱歌。
⑥ 弄舌：形容鸟叽叽喳喳地鸣唱。
⑦ 搦管拈毫：拿起笔来写作。搦，音nuò。拿。管，指笔。拈，音niǎn。用手指夹持。毫，笔毛，代指笔。
⑧ 弈棋：下棋。
⑨ 检藏：整理书籍。

我在台湾教语文：教孩子拥抱世界的《幽梦影》

（五）春风如酒，夏风如茗①，秋风如烟、如姜芥。

（六）笋为蔬中尤物②，荔枝为果中尤物，蟹为水族中尤物，酒为饮食中尤物，月为天文中尤物，西湖为山水中尤物，词曲为文字中尤物。

 ## 导读：拿钱当钱用才不俗

大书法家黄庭坚曾经说过："士生于世，可以百为，惟不可俗，俗便不可医也。"提到"俗"字，许多人第一个想到的，就是"钱"。什么东西一沾上"钱"字，似乎就"俗"了。然而，梵高的画并不会因为拍卖价格之高而减损了它的艺术价值。事实上，黄庭坚的书法作品就曾卖出二十几亿新台币的天价。

谈"钱"之所以"俗"，是因为把"价格"等同于"价值"，以为贵的东西就有价值，便宜的东西就没有价值。东晋

---

① 茗：音míng。本指茶叶，现泛指喝的茶。
② 尤物：特别杰出的人物。常指容貌出众的美女。此指珍奇的物品。

时，有位孝子名为祖纳，他的父亲很早就过世了。为了照顾母亲，他每天都亲自下厨煮饭。平北将军王乂听说了祖纳的孝行，就派了两名婢女去帮忙他，并推荐他做了大官。当时的人都笑祖纳："奴价倍婢。"意指他的价值和两名婢女相同。祖纳反驳说："难道百里奚的价值只等于五张黑羊皮吗？"

祖纳所说的百里奚，是辅佐秦穆公成就霸业的贤臣。他曾经是虞国的大夫，虞国灭亡后，流落到楚国，被当成奴隶在市场上拍卖。秦穆公原本要用重金请他到秦国做事，又怕楚国因此知道百里奚的贤能，进而从中作梗。于是，他派人到楚国的市场，故意压低价格，用五张黑羊皮的价格买回百里奚。由于黑羊皮就是"羖"，因此大家称百里奚为"五羖大夫"。

百里奚对秦国所作的贡献，远高于五张黑羊皮的价值；祖纳的才能，也远超过两名婢女。若用价格来衡量两人的价值，简直差了几千几万里。

拍卖的价格，其实只是买卖双方的默契，"钱"则是双方默契的媒介而已。把钱当钱用，并没有俗不俗的问题，把钱当命看，才是真正的"俗"。

清代诗人张璨写过一首诗："书画琴棋诗酒花，当年件件不离它。而今七事都更变，柴米油盐酱醋茶。"艺术家也要生活，离不了俗事，但是人生不能只在"柴米油盐酱醋茶"等俗事里打转，更不能只剩下"吃喝拉撒睡"。少了"书画琴棋诗酒花"等雅事，就等于只有物质生活而没有精神生活，生命未免太空洞了。

　　"雅事"不只是"书画琴棋诗酒花"，凡是对生活周遭的美有所感受，都可以称为"雅事"。雕刻家罗丹曾经说："这世上并不缺少美，只是缺少发现。"只要用心感受，一草一木乃至大自然的万事万物，无一不可入诗入画，它们的价值，又岂是金钱所能衡量的呢？

　　延伸思考

　　一、有人说："钱不是万能的。"有人则反驳说："没有钱是万万不能的。"请分别找出支持两种说法的例子。

　　二、每个人喜欢的休闲活动都不相同。你知道哪些完全不用花钱的休闲活动？

　　三、古人学习作诗，往往从譬喻开始。如果要把你自己譬喻成某一种动物或植物，你会选择何者？为什么？可以试着用新诗的形式来表达。

引导作文

打开电视，听到优美动人的歌曲，那是艺术。走在街上，看到形形色色的屋子，那也是一种艺术。画廊里，花店里，电影院里，只要有美存在的地方，就有艺术。甚至拿起笔来，试着写出好看的字，那也是艺术。请以"我所接触的艺术"为题，并以自身为例，描述生活和艺术的关系。

谈艺术五：创作需要累积才能获得

（一）积画以成字，积字以成句，积句以成篇，谓之文。文体日增，至八股而遂止。如古文、如诗、如赋、如词、如曲、如说部^①、如传奇小说^②，皆自无而有。

（二）人云："诗必穷而后工^③。"盖穷则语多感慨，易于见长耳。若富贵中人，既不可忧贫叹贱，所谈者不过风云月露而已，诗安得佳？苟思所变，计惟有出游一法，即所见之山川风土物产人情，或当疮痍兵燹^④之余，或值旱涝灾祲^⑤之后，无一不可寓之诗中。借他人之穷愁，以供我之咏叹，则诗

---

① 说部：小说、戏曲等著作。
② 传奇小说：从唐代开始出现的文言小说。
③ 诗必穷而后工：作诗的时候，越是遭遇到困穷的状况，就能写出越好的作品。
④ 疮痍兵燹：因战争而造成的破败景象。燹，音xiǎn。
⑤ 旱涝灾祲：指旱灾或水灾等灾祸。涝，音lào。水灾。祲，音jìn。不祥的气。

亦不必待穷而后工也。

（三）苏东坡和陶诗，尚遗数十首，予尝欲集东坡句以补之，苦于韵之弗备而止。如《责子诗》中"不识六与七，但觅梨与栗。""七"字、"栗"字皆无其韵也。

（四）予尝偶得句，亦殊可喜，惜无佳对，遂未成诗。其一为"枯叶带虫飞"，其一为"乡月大于城"，姑存之，以俟①异日②。

（五）"空山无人，水流花开"二句，极琴心之妙境；"胜固欣然，败亦可喜"二句，极手谈③之妙境；"帆随湘转，望衡九面"二句，极泛舟之妙境；"胡然而天，胡然而帝"二句，极美人之妙境。

---

① 俟：等待。
② 异日：改天、将来某一天。
③ 手谈：指下围棋。

导读：把别人的经验变成自己的灵感

俗语说："好记性不如烂笔头。"意思是说，记忆不如纪录可靠。有人作过整理，艺术家达·芬奇、科学家爱迪生、现代企业家如浩汉产品设计总经理陈文龙、京华钻石董事长柯朝祥、日本GMO集团创办人熊谷正寿等，都是靠着随手笔记，管理自己的知识与想法。

孔子的学生子张向孔子请教说话做事的道理，孔子告诉他，谨守"忠信笃敬"的原则，无论到哪里都可以行得通。子张怕忘记这个道理，就把老师的话用笔记在腰带上。唐朝诗人李贺在出游时会准备一个"诗囊"，凡有灵感，就写下来，投入"诗囊"中，到了夜里再开始整理成诗作。这些是古人的笔记方式。

笔记除了可以记录自己的想法，也可以记录别人的经验，并且加以运用。曾经有位小说家向友人分享他的创作秘诀：准备一本小笔记，在任何时刻记下旁人的片段对话、长相等，在故事情节需要时便可以随时取用。有些漫画家则会在搭车或等待时，速写路人的样貌与装扮，藉此扩充自己的创作图库。

奥斯卡影后梅丽尔·斯特里普从小就喜欢模仿，六岁时她把自己装扮成圣母玛利亚，九岁时把自己化装成外婆，高中时则试着模仿同校的校园美女，后来她把这些经验放入自己的演出中，成功地揣摩出剧中角色的特性。

文学创作网站中，曾有人问："没有实际经验就无法创作吗？"有位网友回答他："总不能为了写侦探小说就真的去犯案吧？"小说中，不乏"爱"与"死"的题材，光怪陆离的情节更是多有存在，若是都要有实际经验才能创作，恐怕谁也做不到，更甭提科幻小说这类依靠想象力的题材了。

香港知名导演王家卫为了拍摄《一代宗师》这部电影，花了十年的时间准备，走访百余位武术家，并将走访的经历记录在《宗师之路》系列影片中。片中以咏春、八极、八卦、形意等四个拳种为主。一个人要同时专精这四种拳，莫说十年了，再多十年恐怕也不是易事，不过王家卫导演着重在采用他人的经验，探索他人的心路历程，再融入个人的想象与经验。这不仅是拍摄电影的方法，从事其他艺术创作也可以作为参考。

延伸思考

一、你最喜欢的是哪一篇或哪一本文学作品？它是用什么体裁写成的？

二、生活中，你是否在无意中听见过陌生路人所说的一段话？他也许是在和朋友讨论自己的遭遇，也许是拿着手机和对方聊天，又也许他是向一位陌生人宣传自己的产品或想法。请试着利用观察或想象，猜测出他是在什么情况下说出那段话。

引导作文

某些学者认为，诗歌是最原始的文学体裁。事实上，诗歌通常简短好记，容易放在心上。请以"我最喜欢的一首诗"为题，解释分析你所喜欢的一首诗歌作品，并说明自己喜欢它的原因。

谈审美

谈审美一：不要虐待自己的耳朵

（一）春听鸟声，夏听蝉声，秋听虫声，冬听雪声；白昼听棋声，月下听箫声；山中听松声，水际听欸乃声[1]，方不虚生此耳。若恶少斥辱，悍妻诟谇[2]，真不若耳聋也。

（二）景有言之极幽，而实萧索[3]者，烟雨也；境有言之极雅，而实难堪者，贫病也；声有言之极韵，而实粗鄙者，卖花声也。

（三）闻鹅声如在白门[4]，闻橹声如在三吴，闻滩声如在浙江，闻羸马[5]项下铃铎[6]声如在长安道上。

---

① 欸乃声：摇橹声，一说划船时所唱的歌。欸，音ǎi。
② 诟谇：音gòu suì。咆哮责骂。
③ 萧索：衰败的样子。
④ 白门：指南京。
⑤ 羸马：瘦弱的马。羸，音léi。瘦弱。
⑥ 项下铃铎：脖子下方的铃铛。项，脖子。铎，音duó。铃铛。

（四）松下听琴，月下听箫，涧边听瀑布，山中听梵呗①，觉耳中别有不同。

（五）水之为声有四：有瀑布声，有流泉声，有滩声，有沟浍②声。风之为声有三：有松涛声，有秋叶声，有波浪声。雨之为声有二：有梧叶、荷叶上声，有承檐溜③竹筒④中声。

（六）痛可忍，而痒不可忍；苦可忍，而酸不可忍。

 ## 导读：耳聋的音乐家

提到音乐家，几乎大多数人都会想到贝多芬。若是提到知名的耳聋音乐家，那更是非"乐圣"贝多芬莫属了。

贝多芬曾说过自己的灵感来自大自然，他说："灵感就在大自然里，在树林中，在散步时，在夜深人静的时刻，在旭

我在台湾教语文·教孩子拥抱世界的《幽梦影》

---

① 梵呗：佛教的歌赞声。呗，音bài。赞颂或诵读佛经的声音。
② 沟浍：即沟渠。田间的水道。沟，田间的水道。浍，音huì。小水流。
③ 檐溜：顺着屋檐流下来的雨滴，从屋顶上流下来的雨水。
④ 筒：音tǒng。通"筒"。一种粗大的竹管。

日初升的时候。这些灵感会在诗人的心里化成语言与文字，而会在我心里化为音乐与音符。"事实上，他的许多作品就是在乡野间写成的，他曾表示，林间的鸟儿就是他创作时的伙伴。

　　从大自然中汲取灵感的音乐家并不只有贝多芬而已。春秋时有一位音乐家也是以大自然为师，他的名字是俞伯牙。俞伯牙曾经向琴师成连学习弹琴，学了许多年，却始终无法突破瓶颈，于是成连带着俞伯牙到东海上去找他的老师"方子春"。

　　师徒俩到达东海上的蓬莱岛上后，成连就先离开了，留下俞伯牙一人在岛上。俞伯牙等了好久，始终见不到"方子春"，而他的老师成连也杳无踪影。俞伯牙就这样每日里听着风声、鸟声、海浪声，心中若有所悟。原来，成连口中的老师"方子春"，指的就是大自然。从此之后，俞伯牙的琴艺大进，终于成为一代音乐宗师。

　　世上的声音并不全是美妙的，还有令人厌恶的"噪音"。名作家余光中曾说："噪音，是听觉的污染，是耳朵吃进去的毒药。"他以叔本华为例，说明"其实不独作家如此，一切需要思索，甚至仅仅需要休息或放松的人，皆应享有宁静的权利。"西方哲学家叔本华曾经因为受不了一位女裁缝的吵闹而把她推下楼，致使对方肢体残障，而需终身支付赔偿金给她。

叔本华的暴力行为并不可取，但是饱遭噪音之苦的人应该能够同情他的处境。闽南语有句谚语："千金买厝，万金买厝边。"意思是说，好的邻居比好的住宅更重要。现代社会中，住在公寓里的人有很多，楼上楼下因为噪音而发生的争端也不少，身受噪音之苦的人，一定很能体会好邻居的重要性。

社会上曾发生过多起因为音响过大、在楼上奔跑，甚至是狗吠、浇花等噪音扰邻而闹上法院的事件，被判重赔的例子也有不少。法律毕竟是社会秩序的最后一道防线，如果人人都能将心比心，不制造噪音，社会不是会更加祥和吗？

延伸思考

一、你是否有被噪音骚扰的经验？请想想看哪些声音对你而言是音乐，哪些声音对你而言是噪音？

二、你有在大家面前唱歌的经验吗？有些人虽然歌声不好，但是唱得很有自信；有些人因为自己歌喉不好，所以懂得藏拙；有些人有很美妙的嗓音，但不敢表现；有些人因为唱歌很好听，因此勇于表现自我。你是哪一种人？请进一步思考，你的做法有什么好处，有什么缺点？

引导作文

作家陈黎曾经写过一篇文章《声音钟》，文中叙述自己在不同时间里听到的叫卖声。一天里可以听到的声音有很多种，有些声音让人记忆深刻，有些声音则是听而不闻。请选择一段时间，以"我所听到的声音"为题，举出几种具有代表性的声音，说明那些声音给自己的感受。

谈审美二：哪里美？哪里都很美！

（一）镜中之影，着色人物①也；月下之影，写意②人物也；镜中之影，钩边③画也；月下之影，没骨④画也。月中山河之影，天文中地理也；水中星月之象，地理中天文也。

（二）善读书者，无之而非书：山水亦书也，棋酒亦书也，花月亦书也；善游山水者，无之而非山水：书史亦山水也，诗酒亦山水也，花月亦山水也。

（三）能读无字之书，方可得惊人妙句；能会⑤难通之解⑥，方可参最上禅机⑦。

---

① 着色人物：一种涂上颜色的人物画。
② 写意：画法的一种，用简单的线条勾勒出物体的神态。
③ 钩边：用线条描绘轮廓。
④ 没骨：画法的一种，不用线条描边，直接上色。
⑤ 会：了解领会。
⑥ 难通之解：不易解决的问题。
⑦ 最上禅机：是说最上等的禅学义理。

（四）有地上之山水，有画上之山水，有梦中之山水，有胸中之山水。地上者妙在邱壑深邃，画上者妙在笔墨淋漓，梦中者妙在景象变幻，胸中者妙在位置自如[①]。

（五）山之光，水之声，月之色，花之香，文人之韵致，美人之姿态，皆无可名状[②]，无可执着。真足以摄召魂梦[③]，颠倒情思[④]。

导读：大自然是最好的艺术老师

古代的俞伯牙向成连学琴，成连带伯牙到一处海上的孤岛感受大自然的声音，伯牙因而琴艺大进。陶渊明辞官归田，亲自耕作，日日与大自然为伍，往往在不经意地抬头望山中，作成了一首首的好诗。唐朝的大书法家孙过庭看着书法作品的点划线条，想到大自然的云泉山石、雷电星月，忍不住慨

[①] 自如：不受拘束。
[②] 无可名状：指事物很微妙，难以用语言描述。
[③] 摄召魂梦：牵动心思情意。摄召，牵引、牵动。
[④] 颠倒情思：心神恍惚，意乱情迷。

叹："同自然之妙有，非力运之能成。"意思是说最好的书法作品符合自然，不是勉强得来的。法国南部普罗旺斯的阳光与美景，激发了大画家梵高的创作灵感，他的名作《星空》，就是在那里完成的。

艺术以自然为本，无论是音乐、诗歌、书法、绘画等，都是如此。希腊哲学家亚里士多德说："艺术就是对自然的模仿。"德国哲学家康德则说："艺术以模仿自然，得到它的精神为最高境界，所以艺术品也可以说是自然的产物。"不论古今中外，不论其思想主张为何，只要一提到艺术，都与自然有着密不可分的关系。

艺术不只是模仿，也是创造，更是发现。古时曾有一位画师，受托替一位跛足的人画像。他想，既要画得像，又不能画出对方的缺点，于是提笔画出那位跛足人登楼望月的景象。其他人听说这位画师有擅于粉饰的功力，不少人上门求画。他让一位有兔唇的人手拈鲜花，置于鼻端，摆出欣赏花香的样子；又让一位驼背的人伏在水缸边，做出水中捞月的样子。总之，无论什么样的人向他求画，他总能发现对方的优点。

有些艺术家认为，所谓的艺术，并不是呈现事物本来的样貌，而是呈现它应该有的样貌，例如文艺复兴时期的雕塑家，就是藉着雕像来表现他们心中最完美的身体比例。

艺术不是只有"美"，还有"真"。有些艺术家在作品中揭露出丑恶的现实，这类艺术走的就不是"美"这条路，而是"真"这条路。不管哪条路，它的最终目的，都应该是"善"，也就是要能够引导社会走向更美好的境界。改编自文学奖得奖作品的电影《父后七日》，以夸张混乱的场面，深刻地呈显出生离死别与思念亲人的主题。至于那些以残酷的战争场面，突显出反战思维的电影，也就更是不计其数了。

延伸思考

一、在艺术的领域中，你最喜欢的是哪一项？为什么？

二、有位画家在写生时，画上了一棵树。旁人告诉他："那里没有树啊！"画家说："不过我觉得那里应该要有一棵树。"你认同那位画家的做法吗？为什么？

引导作文

雕刻家罗丹说："这世界并不缺少美，只是缺少发

现。"在你的生活中，曾经发现过哪些不易被察觉的美？请以

"发现'美'的那一刻"为题，举例描述你所见过的美丽景象

及感受。

谈审美三：朦胧一点会更美

（一）孩提之童①，一无所知。目不能辨美恶，耳不能判清浊，鼻不能别香臭，至若味之甘苦，则不第②知之，且能取之弃之。告子③以甘食悦色④为性，殆⑤指此类耳。

（二）月下听禅，旨趣益远；月下说剑，肝胆益真；月下论诗，风致益幽；月下对美人，情意益笃⑥。

（三）玩月之法，皎洁则宜仰观，朦胧则宜俯视。

（四）梅边之石宜古，松下之石宜拙，竹傍之石宜瘦，盆内之石宜巧。

---

① 孩提之童：指年纪幼小的孩童。
② 不第：不但。
③ 告子：战国时哲学家，认为人性无善恶之别，主张"食色性也"。
④ 甘食悦色：喜欢美食，爱好美色。
⑤ 殆：大概。
⑥ 笃：深厚。

（五）人则女美于男，禽则雄华于雌，兽则牝^①牡^②无分者也。

（六）貌有丑而可观者，有虽不丑而不足观者；文有不通而可爱者，有虽通而极可厌者。此未易与浅人^③道。

（七）云之为物，或崔巍^④如山，或潋滟^⑤如水，或如人，或如兽，或如鸟毳^⑥，或如鱼鳞。故天下万物皆可画，惟云不能画。世所画云，亦强名耳。

（八）镜不能自照，衡^⑦不能自权^⑧，剑不能自击。

（九）目不能自见，鼻不能自嗅，舌不能自舐，手不能

---

① 牝：音pìn。雌性的动物。
② 牡：雄性的动物。
③ 浅人：见识浅薄的人。
④ 崔巍：高耸的样子。
⑤ 潋滟：音liàn yàn。水波映照的样子。
⑥ 鸟毳：鸟兽的细毛。毳，音cuì。细毛。
⑦ 衡：秤。
⑧ 权：测量轻重。

自握，惟耳能自闻其声。

（十）媸颜陋质①，不与镜为仇者，亦以镜为无知之死物耳。使镜而有知，必遭扑破矣。

 ## 导读：保留一些距离给"美"

在电脑修图还不是很发达的年代，人们流行拍摄那些看起来有点朦胧的艺术照。在"柔焦"的摄影特殊效果下，主角彷彿沐浴在月光下，唯美而浪漫。

月光下的浪漫和朦胧的美感，其实是一体的两面。凡人都有缺陷，我们几乎找不到一个身上完全没有斑点或疤痕的人，绝对无瑕的肌肤只存在于神话或想象中，但是"朦胧"却可以消缺陷于无形。

发达的修图技术可以把胖子修成瘦子，把侏儒修成巨人，有人看了修图过度的相片后说："那根本就是诈骗！"朦

---

① 媸颜陋质：指外表丑陋。媸，音chī。丑。

胧的艺术照不完全相同，它只是带我们去感受到对方整体的美。先远观再细看，这是观赏艺术品的方式，同样也可以运用在人生上。

有些人的缺陷多到让人不得不注意，有些人的缺陷是不甚明显，不可一概而论，不过，就是会有人专门盯着别人的缺陷看，再无限扩大对方的缺陷，这就很不应该了。要知道，只要走得够近，就看得到缺陷，除了自己的缺陷以外。

苏东坡有首《题西林壁》："横看成岭侧成峰，远近高低各不同。不识庐山真面目，只缘身在此山中。"这首诗前两句可以解释为"美有各种不同的样貌，只是看的角度不同"，后两句则可以解释为"置身其中反而会看不到真正的美"。

就某种角度来说，"情人眼里出西施"也是另一种形式的"不识庐山真面目"。因为喜欢对方，就只看到对方的优点，无视对方的缺陷，甚至把对方的缺陷当作优点。如果一直都是如此，倒也无妨，问题是，激情过去才发现难以忍受对方的缺陷，岂不又造成一对怨偶？

歌手张宇有一首歌《月亮惹的祸》："我承认都是月亮惹的祸，那样的月色太美，你太温柔，才会在刹那之间只想和你一起到白头。"作词者十一郎写出了许多人心中的害怕,山盟海誓会不会只是一时的激情?

西方有位画家,名为秀拉,他采用"点描法"这种特殊的绘画技巧,用无数的色点组成画作。观赏他的画作时,必须保持一定的距离,才能看得出来他在画什么。人与人之间的相处也是如此,必须保持一定的距离,才能真正欣赏对方。友情也好,爱情也好,留些空间给对方吧!太近,看到的往往不美。

延伸思考

一、有些恋人在交往时,随时都想知道对方在哪里,随时都要知道对方在做什么。你认为这种做法叫做关心吗?有没有更好的做法?

二、你知道自己有哪些缺点吗?如果别人有这些缺点,你能够接受吗?如果可以,理由是什么?如果不可以,理由又是什么?

引导作文

在拥挤的车上,一位年轻人大剌剌地坐在"老弱病残孕"专属座位上，一位白发苍苍的老人就站在他的面前。老人身后的一位乘客生气地指责年轻人，但年轻人默不吭声。那位乘客被人潮往内挤了两步，他才看到年轻人装了义肢的下半身。如果你是那位乘客，你会有什么想法或做法？请以"后退一步再看看"为题，论述该如何面对自己感觉不满的事物。

谈审美四：投入大自然的怀抱，或是把大自然搬到身边

（一）艺①花可以邀②蝶，累③石可以邀云，栽松可以邀风，贮水可以邀萍，筑台可以邀月，种蕉可以邀雨，植柳可以邀蝉。

（二）忙人园亭，宜与住宅相连；闲人园亭，不妨与住宅相远。

（三）有山林隐逸之乐，而不知享者，渔樵也、农圃也、缁黄④也；有园亭姬妾之乐，而不能享、不善享者，富商也、大僚⑤也。

---

① 艺：种植。
② 邀：吸引、招致。
③ 累：堆叠。
④ 缁黄：和尚和道士。
⑤ 大僚：大官。

（四）园亭之妙在邱壑布置①，不在雕绘琐屑②。往往见人家园亭，屋脊墙头，雕砖镂瓦。非不穷极工巧，然未久即坏，坏后复极难修葺③。是何如朴素之为佳乎？

（五）游玩山水亦复有缘，苟时机未至，则虽近在数十里之内，亦无暇到也。

（六）以松花为量④，以松实为香⑤，以松枝为麈尾⑥，以松阴⑦为步障⑧，以松涛为鼓吹⑨。山居得乔松百余章⑩，真乃受用不尽。

（七）居城市中，当以画幅为山水，以盆景当苑囿⑪，以书籍当朋友。

---

① 邱壑布置：安排假山流水的位置。邱，同"丘"。
② 雕绘琐屑：在细小的物件上雕刻绘画。
③ 修葺：修复。葺，音qì。
④ 量：食物，通"粮"。
⑤ 香：香料。
⑥ 麈尾：拂尘。
⑦ 阴：树荫，通"荫"。
⑧ 步障：即屏风。
⑨ 鼓吹：即乐曲。
⑩ 章：计算树木的单位词。
⑪ 苑囿：花园。

（八）一日之计种蕉，一岁之计种竹，十年之计种柳，百年之计种松。

 ## 导读：从关心周遭的植物开始，逐渐走向自然

陶渊明写过一篇文章《五柳先生传》，用以抒发自己的志趣。首段用一句"宅边有五柳树"来表明名号的出处。这句话恰可表现出作者对大自然的关心。因为关心，才会特地去数自家旁边的树有几棵。

在住宅旁边种树并不是陶渊明的专利。近代台湾文学作家钟理和就曾经在屋子附近种了几棵木瓜树，这件事记录在《我的书斋》这篇文章里。钟理和的《我的书斋》不但提到了种树，更提到了他把大自然布置成书房的过程及心情。钟理和穷到没钱买新桌子，更甭提盖书房了，但是他一样可以悠闲地在大自然里读书。

钟理和穷，陶渊明也穷，但是穷人也可以有快乐的时候。世人一提到"穷"字，就想到"苦"字。人一穷，就得过

苦日子。话是没错，可没人规定苦日子就得苦着脸过，没人规定穷就不能自己找乐子，穷也可以穷得很开心。

在一般人的眼中，有钱人开心没什么大不了的，穷人开心就很稀奇了，也因此，出现了"安贫乐道"这个好词面。贫穷这件事本身并不雅，但是穷还要开心，通常非得懂一些雅事不可。拿笔写写字，开心；张口唱唱歌，开心；出门看看树，也开心。

作家陈冠学原本在学校里任教，后来辞去教职，回到乡下种田。他在著作《田园之秋》里以半自传的方式写下自己躬耕的心情。从书中可以看出，耕作的生活虽然辛苦，物资虽然欠缺，但是他的心灵是富足的，因为他可以随时与花鸟为伍。他很轻易地就能够喊出这些花鸟的名字，一如相识已久的老友。他认为，现代人往往为了赚钱，失去了健康，失去了快乐，这是极其不智的。

有钱人把大自然的山水搬进庭院，用假山假水造出了园林；没有钱的人大可以直接走进大自然的山水，欣赏真正的山水。就是为了生计奔波，忙到没空出游，抽空种个几棵树，甚至养个几盆花也还是可以的，这么一来，比起那些有时间数钞票，没时间过日子的人，到底还是开心一些。

一、你住在城市或乡村？附近有哪些绿地？那里有哪些植物？

二、为了发展经济，许多人毁掉了近处的自然环境；为了安顿心灵，许多人走向了远方的自然风景。你认为人们应该用什么态度去面对大自然？

引导作文

从前的人在通勤时，为了打发时间，往往会抬头望向窗外，看看风景。随着科技的发达，现代的人在搭车时，通常则是低头操作手上的科技产品，社会上称之为"低头族"。有些人除了搭车时会"低头"，走路时"低头"，坐着时也会"低头"。久而久之，与社会乃至自然世界的隔离就越深。以"抬头看看风景"为题，用自身经验来论述接近自然的感受与意义。

談審美

一八九

谈审美五：爱就要爱到骨子里

（一）以爱花之心爱美人，则领略自饶别趣①；以爱美人之心爱花，则护惜倍有深情。

（二）美人之胜于花者，解语②也；花之胜于美人者，生香也。二者不可得兼，舍③生香而解语者也。

（三）多情者必好色，而好色者未必尽属多情；红颜者必薄命，而薄命者未必尽属红颜；能诗者必好酒，而好酒者未必尽属能诗。

（四）所谓美人者，以花为貌，以鸟为声，以月为神④，

---

① 别趣：特殊的韵味。
② 解语：善解人意。
③ 舍：舍弃。
④ 神：精神。

以柳为态，以玉为骨，以冰雪为肤，以秋水为姿，以诗词为心，吾无间①然矣。

（五）买得一本②好花，犹且爱护而怜惜之，矧③其为解语花④乎！

（六）看晓妆⑤宜于傅⑥粉之后。

（七）情之一字，所以维持世界；才之一字，所以粉饰⑦乾坤⑧。

 导读：别让自己变成盆栽

　　唐朝大诗人李白曾奉唐玄宗的圣旨，为杨贵妃写了三

---

① 间：指可供批评的缺点。
② 一本：单位词，指一株。
③ 矧：音shěn。何况。
④ 解语花：指善解人意的美女。
⑤ 晓妆：即早晨的妆。
⑥ 傅：音fù。通"敷"，搽上。
⑦ 粉饰：指掩盖事实或污点。
⑧ 乾坤：指天地。

首《清平调》。诗中将杨贵妃比拟为牡丹花。诗中有一句："名花倾国两相欢，常得君王带笑看。"旨在表达唐玄宗对杨贵妃的喜爱。"倾国"一词出自汉朝李延年所作的歌曲："北方有佳人，绝世而独立。一顾倾人城，再顾倾人国。"形容他的妹妹美到让一城一国的人都为之倾倒，后来人们就用"倾国"这个词形容女子的美貌。

"倾国"还有另一个意思：亡国。李白在作《清平调》时，或许并没有讽刺杨贵妃的意思，但后人大多以为杨贵妃差点使得唐朝灭亡，而把唐玄宗视作"不爱江山只爱美人"的多情君主。且不论唐玄宗是否多情，但是他绝非"不爱江山只爱美人"，否则他就不会答应赐死杨贵妃。

唐玄宗爱不爱杨贵妃？答案是肯定的，不然"后宫佳丽三千人"，怎么会"三千宠爱在一身"？他爱她，就像爱一株名贵的牡丹花。他把她从儿子寿王的宫里摘了回来，供在自己的寝宫里。

种花的人都知道，非必要的移植，对花是一种伤害。真正爱花的人会让花长在最适合它生长的地方，而不是硬把它摘回家。人不是花，不会一摘回家就枯萎，但是，被逼着改变环境绝不是愉快的经验。

从前是某人的妻子，后来变成他的母亲，这就是杨贵妃的处境。唐朝的风气虽然开放，毕竟仍有伦理道德存在，人们如何评论杨贵妃，史册并未清楚载明，但是肯定不会有什么好听话。处境难堪的杨贵妃比谁都怕被抛弃，她几次被赶出宫外，都只能低声下气，以求得到唐玄宗的重新接纳。失去了唐玄宗的保护，她绝对无处容身。

　　在安史之乱中，陪着唐玄宗一起逃难的杨贵妃到底还是被赐死了，虽然唐玄宗的圣旨是受胁迫而颁布的。不过，那也不过是提早决定她的悲剧下场而已。当她因年老而被抛弃时，境遇不见得会更好，而且，到那时，唐玄宗恐怕连想都不会想起她。

　　身处唐代的杨贵妃，无法选择自己的命运。时间若是换成现代，若说她因为唐玄宗有钱有势而甘心被所包养，可能性也不是没有。现今社会上，偶尔会出现那种表明自己就是爱钱，没车没房没资格追她的女性。坦白说，将经济状况视为择偶条件并没有什么错，但是，若将经济状况视为唯一的择偶条件，恐怕就与卖身没多大差别了，既是卖身，又岂能得到多少尊重呢？

古人常把美女比喻成鲜花。鲜花只要被妥善照顾就好了，但是美女到底不是鲜花，如何坚守身而为人的价值，不把自己活成一盆鲜花，这恐怕是必须审慎思考的问题。

延伸思考

一、社会上发生过多起因分手而伤害对方的案件。你认为原因可能有哪些？应该如何避免？

二、有人说心智成熟才有谈情说爱的资格。你认为怎么样才是心智成熟的表现？

引导作文

开车要考驾驶执照，藉此证明已有开车上路的能力及资格；开店也要申请营业执照，方便相关部门进行监督与管理。爱情没有执照，但不是每个人都知道该如何爱人，请以"做个懂爱的人"为题，说明面对爱情应该抱持何种正确的态度。